HEINZ ULRICH * DIE INFANTERIE-DIVISION „POTSDAM"

Heinz Ulrich

Die Infanterie-Division „Potsdam"

Ihre Aufstellung und ihr Einsatz im April 1945 im Ostharz, an der Elbe und im Raum Köthen

dr. ziethen verlag
Oschersleben

Für den Umschlag wurde die Fotografie
Gräberanlage Friedhof Blankenburg (Fotografie Stefan Nowack) verwendet.

Bibliografische Information der Deutschen Nationalbibliothek:
Die Deutsche Nationalbibliothek verzeichnet diese Publikation in der Deutschen Nationalbibliografie; detaillierte bibliografische Daten sind im Internet über http://dnb.d-nb.de abrufbar.

Friedrichstraße 15a, 39387 Oschersleben
Fon 03949 4396, Fax 03949 500 100
www.dr-ziethen-verlag.de
email: info@dr-ziethen-verlag.de
2. Auflage 2022

Satz & Layout dr. ziethen verlag
Satz mit QuarkXPress auf Macintosh
Druck Halberstädter Druckhaus GmbH
ISBN 978-3-86289-049-1

Inhalt

Einleitung 7
Die 85. Infanterie-Division als Vorgängerdivision 9
Stellenbesetzungsplan der 85. Infanterie-Division vom 2. Februar 1944 bis 7. April 1945 10
Das Ende der 85. Infanterie-Division und die Umbenennung in „Potsdam“ 13
Die Zuführung des Artillerie-Korps 412 16
Der Stellenbesetzungsplan der Division „Potsdam“ vom 8. April 1945 20
Der Zusammenbruch der Westfront im April 1945 21
Die „Festung Harz“ und der aussichtslose Abwehrkampf 23
Die Einsatzgebiete der Division 35
Aus Erlebnisberichten und Erinnerungen von Angehörigen der Division 51
Potsdam 1 / Regiment 1053. 1. Bataillon 51
Einsatz im Harz und Kriegsende 52
Überleben in Neuwerk 60
Potsdam 2 / Regiment 1054. 1. Bataillon 65
Bei der Division Potsdam im Harz 65
Der Weg von Döberitz bis in die Gefangenschaft im Harz 74
Meine Erlebnisse bei der Division Potsdam 78
Das Ende im Ostharz im April 1945 85
Als Arzthelfer im Bataillons-Hauptverbandsplatz 87
Potsdam 2 / Regiment 1054. 2. Bataillon 90
Die letzte deutsche Offensive 90
Potsdam 3 / Regiment 1064. 2. Bataillon 96
Meine Soldatenzeit bei den Divisionen „Potsdam“ 96
Der Vorstoß der 83. US-Infanterie-Division zur Elbe 100
Potsdam 3 / Regiment 1064. 1. Bataillon 105
Die Kampfhandlungen am 12. April 1945 um die Stadt Barby/Elbe 105
Das deutsche Militär verlässt die Stadt 113
Die Besetzung der Stadt am 13. April 115
Der amerikanische Brückenkopf bei Barby 121
Grabstellen von Soldaten der „Division Potsdam“ … 127

Anhang 134
Anmerkungen 140
Quellen- und Literaturverzeichnis 142

Einleitung

Die Infanterie-Division „Potsdam“ ist eine kaum aufgearbeitete Geschichte aus den letzten Tagen des Zweiten Weltkrieges. Sie war zusammen mit ihren Schwesterdivisionen „Ulrich von Hutten“, „Scharnhorst“ und „Ferdinand von Schill“ Ende März/Anfang April 1945 aufgestellt und schon am 20. April 1945 nach ganz kurzem Einsatz von 13 Tagen von ihrem Divisions-Kommandeur, Oberst Erich Lorenz, wieder aufgelöst worden.

Während die anderen Divisionen im Verband der 12. Armee unter dem General der Panzertruppe Wenck kämpften und so eine gewisse Bedeutung zusammen mit den RAD-Divisionen „Friedrich Ludwig Jahn“ und „Theodor Körner“ erlangten, wurde „Potsdam“ der 11. Armee unterstellt und teilweise noch in den Harz transportiert, um die „Festung Harz“ verteidigen zu helfen. Die Aufgabe der Division war es, den Aufmarschraum der 12. Armee zum Harz im Raum um Blankenburg zu sichern.

Eine Gesamtdarstellung über die Einsätze der Division Potsdam gibt es bisher nicht. In der Literatur, wie beispielsweise bei Gellermann in den bisherigen Auflagen ab 1983 über die 12. Armee Wenck, blieb die Division eine Randbemerkung. Es gibt kein Kriegstagebuch der Division, welches eingesehen werden konnte. Deshalb schien es fast aussichtslos, alle Details über diese Infanterie-Division der „letzten Stunde“, zu erhalten. Man kann annehmen, dass bei der Auflösung der Division am 20. April 1945 in Blankenburg alle Unterlagen vernichtet worden sind. Einige wenige Unterlagen beschränken sich auf die Aufstellung der Division auf dem Truppenübungsplatz Döberitz (Brandenburg). Somit war man auf Erlebnisberichte ehemaliger Soldaten aus den einzelnen Bataillonen angewiesen. Einige haben über ihren Einsatz von der Aufstellung bis zur Gefangenschaft Tagebuch geführt, wie sie die Dinge gesehen und erlebt haben, wie es wirklich war und wie es ihnen gelungen ist, die letzten Kriegstage als Soldat zu überleben. Nur durch die persönlichen Aufzeichnungen der Erlebnisberichte aus den einzelnen Bataillonen und Kompanien der Division war es möglich, ein genaueres Bild über die letzten Einsatzgebiete zu erhalten und darzustellen. Solche Aussagen werden naturgemäß immer spärlicher, je weiter die Ereignisse zurückliegen. Es sind stets nur Mosaiksteine des Geschehens. Jeder der Zeitzeugen hat etwas anderes innerhalb seines Blickwinkels erlebt.

Ohne die Unterstützung der Archive und den Nachlass von Gottfried Becker aus Bad Lausick, der selbst als Unteroffizier bei „Potsdam 2“ eingesetzt war, die *After actions-reports* der 83. US-Infanterie-Division sowie Peter Wittig aus Dresden und ohne die vielfältigen Berichte von ehemaligen Soldaten der Division wäre diese Zusammenstellung und Veröffentlichung nicht möglich gewesen. Es bedurfte zahlreicher Recherchen, um dem Leser dieser Schrift das zu bieten, was eben möglich war und ist. Dafür möchte ich allen danken. Es wäre schade, wenn später einmal das aus ihrem Privatbesitz und von mir mit großer Sorgfalt und Aufwand zusammengetragene Material verloren wäre.

Als Erster hat Günther W. Gellermann in seinem Buch „Die Armee Wenck – Hitlers letzte Hoffnung" einen kurzen Abschnitt über die „Infanteriedivision Potsdam" aufgenommen. Einiges über den Einsatz im Harz steht bei Ulrich Saft „Krieg in der Heimat … bis zum bitteren Ende im Harz". Ich möchte mich an dieser Stelle auch bei Herrn Saft bedanken, der mir seine Zustimmung zur Übernahme einiger Abbildungen aus seiner Ausgabe gab. In Jürgen Möllers Ausgabe „Der Kampf um den Harz. April 1945" gibt es Hinweise auf die „Potsdamer". Auch Manfred Bornemann erwähnt einzelne Episoden von „Potsdamern" in seinen Büchern „Die letzten Tage in der Festung Harz" und „Schicksalstage im Harz". In einigen Büchern sind auch Fehler und Unstimmigkeiten enthalten, die weniger den Autoren als vielmehr dem Fehlen entsprechender Unterlagen zuzurechnen sind.

Ich habe versucht, das von mir in den langen Jahren meiner Sammeltätigkeit zusammengetragene Material so zusammenzufassen, dass daraus für „Potsdam" zwar keine Divisionsgeschichte wird, aber doch etwas mehr der Öffentlichkeit bekannt wird, als es bisher der Fall war. Ich erhebe auch keinen Anspruch auf Vollständigkeit. Einiges wäre noch in Einzelheiten zu klären. Die Literatur über die Division „Potsdam" ist immer noch spärlich. Ich hoffe, mit den persönlichen Erlebnisberichten der Kriegsteilnehmer mit beizutragen, Widersprüche zwischen den einzelnen Publikationen aufzudecken und weitgehend zu bereinigen.

Meine Darstellungen beziehen sich nicht auf Kampfhandlungen im gesamten Harzgebiet. Sie beschränken sich nur auf die Ereignisse im Ostharz, im Raum um Blankenburg, wo die Division „Potsdam" im Kampfeinsatz war.

Herbst 2012

Heinz Ulrich

Die 85. Infanteriedivision als Vorgänger-Division

Die 85. Infanteriedivision wurde erstmalig am 2. Februar 1944 als Division der 35. Welle durch den Wehrkreis XII (Wiesbaden) an der Kanalküste in Nordfrankreich (Calais) bei der 15. Armee aufgestellt. Unter Wellen verstand man zur gleichen Zeit und nach gleichem Gliederungs- und Ausrüstungsschema aufgestellte Gruppen von Divisionen, wobei das Alter und die Ausbildung der Mannschaften gleich, untereinander aber je nach Waffengattung verschieden waren.

Die Divisionen des Friedensheeres zählten 1939 als 1. Welle. Nun war man bereits bei der 35. Welle angelangt. Der Kriegsverlauf brachte es mit sich, dass sich die Gliederungen der Divisionen, aber auch der Personalbestand und die Waffenausrüstung änderten. Zu Beginn des Krieges war man von einer Infanteriedivision mit drei Regimentern zu je 14 Kompanien ausgegangen. Innerhalb des Regiments gab es drei Bataillone und die 13. und 14. Kompanie als so genannte „Schwere Kompanien". Die 35. Welle. Sie brachte noch einmal sechs Divisionen hervor, die jetzt aus zwei Regimentern mit je drei Bataillonen bestanden. Die beiden Regimenter der 85. Infanteriedivision erhielten die Nummern 1.053 und 1.054. Das Füsilierbataillon, das Feldersatzbataillon und die III. Abteilung für das Artillerieregiment 185 erhielt die Division erst im Juli 1944. Auch ein Pionierbataillon, eine Panzerjägerkompanie und eine Infanteriedivisions-Nachrichten-Abteilung, alle mit der Nummer 185, gehörten zur 85. Infanteriedivision. Schließlich sei noch das Divisions-Versorgungs-Regiment 185 genannt, das, wie überall, am 1. September 1944 aus den „Versorgungs-Einheiten 185" gebildet worden war.[1]

Der Einsatz in der Normandie während der Invasion bei der 5. Panzerarmee forderte von der neu aufgestellten Division hohe Ausfälle, so dass sie bereits bis September 1944 am Niederrhein aufgefrischt werden musste. Ihr weiterer Einsatz erfolgte danach im Raum von Aachen, bis sie dann in Februar/März 1945 in der Eifel vernichtet wurde. Die restlichen Mannschaften und das Material mussten an der Front zurückgelassen werden, wo es in andere Divisionen eingegliedert wurde. Allein einen „Divisionsrahmen" brachte man als Kader für die Neuaufstellung mit. Für den neuen Stamm wurden nur der Divisionsstab, die Nachrichtenabteilung und das Versorgungsregiment bereitgestellt.

Im März wurde die 85. Division aus der Aufstellungsliste der 33. Welle gestrichen. Wann die zur Stammbildung bestimmten Teile der Division auf den Truppenübungsplatz Döberitz überführt worden sind, ist nicht mehr festzustellen. Es dürfte sich um den 15. März 1945 gehandelt haben, denn an diesem Tage fand ein Wechsel in der Divisionsführung statt, und der neue Mann, der mit der Führung der Division beauftragt wurde, der Oberst der Reserve, Erich Lorenz, befand sich bereits in Döberitz.[2]

Stellenbesetzungsplan der 85. Infanterie-Division vom 2. Februar 1944 bis 7. April 1945

Kommandeur

10.02.44 – 01.10.44 Generalleutnant Kurt Chill
16.10.44 – 15.03.45 Generalmajor Helmut Bechler
15.03.45 – 07.04.45 Oberst d.R. Erich Lorenz

Ia

15.02.44 – 20.11.44 Oberstleutnant i.G. Kurt Schuster
20.11.44 – 25.02.45 Major i.G. Wilhelm Weber
25.02.45 – 07.04.45 Major Gaul

Ib

00.02.44 – 00.07.44 Major i.G. Kurt Hold
10.08.44 – 20.11.44 Major i.G. Wilhelm Weber
20.11.44 – 00.12.44 Major Witte
00.12.44 – 07.04.45 Hauptmann d.R. Witte

Ic

15.06.44 – 12.03.45 Oberleutnant d.R. Zörkler
12.03.45 – 07.04.45 Leutnant d.R. König

IIa

00.02.44 – 00.03.45 Major Martin Glimm
00.03.45 – 07.04.45 Hauptmann d.R. Ernst Ohler

Kommandant Stabsquartier

00.02.44 – 00.03.44 Hauptmann Wietusch
00.04.44 – 00.05.44 Hauptmann d.R. Alfred Dittbern
00.05.44 – 00.00.00 Hauptmann Karl Wilken

Grenadierregiment 1053

Kommandeur

00.02.44 – 00.05.44 Oberst Josef Meuther
00.05.44 – 00.02.45 Oberstleutnant Georg Dreyer

Grenadierregiment 1054

Kommandeur

00.00.00. – 00.00.45 Oberst Hans d. la Chaux

Artillerieregiment 185

Kommandeur

00.03.44 – (15.01.45) Oberstleutnant d.R. Walter Bried
00.03.45 – 00.04.45 Major Oscar Grass

Füsilierbataillon 185

15.01.45 – 00.00.00 Major Pohl

Panzerjägerabteilung
Kommandeur
15.05.44 – 07.04.45 Hauptmann d.R. Alfred Dittbern
Pionierbataillon 185
Kommandeur
00.00.44 – (15.01.45) Hauptmann d.R. Häusel
15.12.44 – 00.00.00 Hauptmann d.R. Schulz (m.d.F.b.)
15.01.45 – 00.00.00 Oberleutnant Höller (m.d.F.b.)
Nachrichtenabteilung
Kommandeur
00.02.44 – 07.04.45 Major Majunke
Divisionsnachschubführer 185
15.01.45 – 00.00.00 Hauptmann d.R. Roth[3]

Nach den Personalunterlagen des Aachener Wehrmachts-Archivs wurde bereits am 15. März 1945 der Oberst der Reserve Erich Lorenz mit der Wiederaufstellung der 85. Infanterie-Division in Döberitz beauftragt. Am 15. März beendete Lorenz in Döberitz einen „Divisions-Führer-Lehrgang“. Ob dieser Lehrgang, der 17. der Wehrmacht, abgebrochen wurde oder planmäßig zu Ende ging, lässt sich nicht

Name: Lorenz, Erich Dienstgrad: Oberst d.R. W. Kdo.
Fr. Tr. Teil: R. D. A.: 1.10.44
W. Bez. Kdo.: Magdeburg I geb. 31.8.1905 Eichenlaub

Datum	Neue Dienststelle	Art der Verwendung	Nr. d. Vorg.
1.3.44	m.d. 1.3.44 z.Kdr. ~~(96. I.D.) ernannt~~	d.Gren.Rgt. 287	
15.12.44	m.d. 20.11.44 i.d. setzt (f.nächsthöh gezogen)	Fhr.Res.OKH (XI) ver- ere Verwendung heraus-	941
1. 2.45	zum 17. Div.Fhr.Le	hrgang kommandiert	V.w.
15.3.45	M.Wirkg.v.15.3.45 beauftragt. Eintr	m.d.Fhrg.d.85.J.D. effen ist zu melden.	v.w.

Unterlagen über Erich Lorenz ab März 1944

Oberst Erich Lorenz, Kommandeur der Infanteriedivision „Potsdam"

mehr feststellen. Begonnen hatte er am 13. Februar 1945.

Woher aber kam die Bezeichnung „Oberst der Reserve"? Dazu müssen wir uns den militärischen Lebenslauf von Erich Lorenz ansehen: Er wurde am 31. August 1905 in Wattenscheid geboren und trat 1926 in das Reichswehr-Infanterie-Regiment 12 ein. 1938 wurde er nach 12-jähriger Dienstzeit mit dem damals höchstmöglichen Dienstgrad eines Oberfeldwebels (mit Qualifizierung zum Reserve-Offizier) entlassen. Bereits am 30. September 1939 erfolgte seine Einberufung zur Wehrmacht und Einsatz als Zugführer. Am 1. April 1940 wurde er zum Leutnant, am 1. August 1940 zum Oberleutnant befördert. Im Oktober 1941 schoss er als Kompanieführer im 287. Infanterieregiment einen Panzer ab. Im August 1942 Hauptmann und im März 1943 Major und Bataillonskommandeur in seinem Regiment, erhält er am 14. November 1943 das Ritterkreuz. Anfang März 1944 wird er Oberstleutnant und Regimentskommandeur des 287. Infanterieregiments, und am 4. Mai 1944 erhält er als 467. Soldat der Wehrmacht das Eichenlaub zum Ritterkreuz. Schließlich erfolgt am 1. Oktober 1944 die Beförderung zum Oberst der Reserve nach sechs Verwundungen. Ausgezeichnet mit dem Deutschen Kreuz, Nahkampfspange und Verwundetenabzeichen in Gold. Bereits im November 1944 wird er in die Führer-Reserve des OKH versetzt und zur nächst höheren Verwendung herausgezogen. Schließlich wird Lorenz am 10. Februar 1945 beim Regiment 287 an der Front zum befohlenen Divisionsführer-Lehrgang nach Döberitz verabschiedet.[4]

Das Ende der 85. Infanteriedivision und die Umbenennung in „Potsdam"

Die Geburtsurkunde der späteren Division „Potsdam" ist als Abschrift erhalten geblieben. (Anlage 1) In der rechten oberen Ecke hat jemand handschriftlich „Potsdam (85. ID)" geschrieben. Es ist der Befehl des Oberkommandos des Heeres, im Rahmen der 35. Welle die 85. Infanteriedivision kurzfristig auf dem Truppenübungsplatz Döberitz bei Potsdam wieder aufzustellen. Zu dieser Zeit war der Krieg für Deutschland de facto bereits seit längerer Zeit verloren. Trotz der aussichtslosen Lage hat die Führung des Dritten Reiches immer noch die Hoffnung auf eine Wende nicht aufgegeben.

Es erfolgte der Befehl, mit der 35. und letzten Welle sechs neue Divisionen kurzfristig aufzustellen. Drei von ihnen sollten in der Hauptsache aus den noch vorhandenen und bisher weiterarbeitenden Schulen und Lehrgängen des Heeres (Elite-Divisionen aus Nachwuchs-Schulen heißt es in der Vortragsnotiz lt. Anlage 2), auch Fahnenjunker-Divisionen genannt, und drei weitere aus dem Personal des Reichsarbeitsdienstes (RAD) aufgestellt werden. Mit der Namensgebung bei Divisionen war die Waffen-SS seit langem vorangegangen. Gegen Ende des Krieges setzte sich diese auch bei der Neuaufstellung von Divisionen bei der 12. Armee durch. Sie erhielten alle Namen wie „Ulrich von Hutten", „Scharnhorst", „Schill", „Friedrich-Ludwig-Jahn" oder „Theodor Körner". Nur die 85. Infanterie erhielt zunächst keinen Namen. Sie war aber die erste, die am 8. April 1945 um 24 Uhr einsatzbereit sein sollte. Es kam sicher daher, dass der dafür vorgesehene Stamm und zwar der Divisionsstab, die Nachrichtenabteilung und das Versorgungsregiment schon in Döberitz bereitstanden.

Die Wiederaufstellung sollte in Gliederung und Stärke gemäß Grundgliederung einer Infanteriedivision 45 erfolgen, jedoch ohne I. Abteilung des Artillerie-Regiments und ohne Feld-Ersatz-Bataillon. Das heißt, aus der bisherigen „zweigleisigen" Division sollte wieder eine „dreigleisige" werden, also mit drei Regimentern, dafür aber jedes Regiment mit nur zwei Bataillonen (Anlage 3) und einem Divisions-Füsilier-Bataillon. Ferner waren ein Pionierbataillon und eine Nachrichtenabteilung vorgesehen. Die beiden Regimentsnummern 1053 und 1054 wurden wieder von der 85. Infanterie-Division benutzt, dazu kam als dritte die Nummer 1064, die bisher noch nie vergeben worden war.

Die Versorgungsregimenter waren erst im September 1944 neu gebildet worden. Sie fassten zusammen, was man zunächst als „rückwärtige Dienste", später als „Versorgungseinheiten" bezeichnet hatte. Ab 1. September 1944 wurden bei der Infanterie alle Versorgungseinheiten in einem Regiment zusammengefasst, und der bisherige Kommandeur der Nachschubtruppen (seit 15. Januar 1945 hier Divisions-Nachschubführer 185 Hauptmann der Reserve Roth) wurde Kommandeur des neuen Versorgungsregiments. Ein Major Roth ist auch noch am 8. April 1945 als „Kommandeur des Versorgungsregiments Potsdam“ genannt, das gar nicht mehr aufgestellt wurde.

Nach der Gliederung der „Infanteriedivision 45“ bestanden die Nachschubtruppen des Versorgungsregiments nur noch aus einer Kraftfahrerkompanie (120 Tonnen), zwei Fahr-Schwadronen je 30 Tonnen und einem Nachschub-Zug. Neu gab es eine Divisions-Feldzeug-Kompanie und einen Kfz-Instandhaltungs-Zug. Zum Versorgungsregiment gehörten aber auch Sanitätstruppen, Veterinärtruppen und ein Feldpostamt.

Die Feldpostnummern der alten 85. Infanteriedivision waren gelöscht und bereits durch neue ersetzt worden. Die kamen aber bei der Truppe nie an. Es konnte mit Feldpost auch nicht mehr gerechnet werden, weil weite Teile Deutschlands zu diesem Zeitpunkt bereits von den Alliierten besetzt waren.

Die 85. Infanteriedivision sollte „durch den Wehrkreis III mit Unterstützung des Generalinspekteurs für den Führernachwuchs (G.I.F.)“ auf dem Truppenübungsplatz Döberitz wieder aufgestellt werden. Die Einteilung des Deutschen Reiches in Wehrkreise gab es bereits zu Zeiten der Reichswehr. 1938 erhielt Österreich zwei eigene, das Sudetenland wurde in die bestehenden einbezogen. Die Wehrkreisgrenzen deckten sich nicht mit den Ländergrenzen oder den Gaugrenzen des Dritten Reiches.

Der Wehrkreis III (Berlin), in dessen Bereich der Truppenübungsplatz Döberitz lag, bekam die Aufgabe, die Wiederaufstellung der neuen 85. Infanteriedivision durchzuführen. Verantwortlich für die organisatorische Aufstellung aber war der Stab der 85. Infanteriedivision. Natürlich heißt das nicht, dass für die Aufstellung nur Truppen aus dem Wehrkreis III verwendet werden durften.

Das Versorgungsregiment stellte wohl den zahlenmäßig stärksten Teil des „Stammes“ für die wieder aufzustellende Division. In ihr waren Soldaten mit Kampferfahrung, wenn auch unterschiedlicher Art, vereinigt. Inwieweit diese nun nach Wegfall des Versorgungsregiments auf die übrigen Truppenteile der Division verteilt wurden, ist nicht zu belegen. Die Stärke der von der 85. Infanterie-Division abgegebenen Truppen (Divisionsstab, Nachrichten-Abt. und Versorgung) betrug gemäß einem Fernschreiben der Organisations-Abteilung vom 8. April 1945 etwa 900–1.000 Mann.[5] (und Anlage Nr. 2)

Interessant ist in diesem Zusammenhang der G-2-Report Nr. 301 der Amerikaner vom 14. April 1945. In diesem wird im letzten Satz ein Kriegsgefangener erwähnt, der gesagt hat, „das Rückgrat der Division Potsdam ist ‘the former 580 Line of Communications Div’. Damit ist das ehemalige Versorgungsregiment der alten 85. Infanterie-Division gemeint, wobei es bei der Vernehmung offenbar einen Hörfehler zwischen „fünfundachtzig“ und „fünfhundertachtzig“ gegeben hat.

Dabei ist der Buchstabe „G“ die Abkürzung von „General Staff“, das heißt Generalstab. Die G-2 Intelligence – Nachrichten und Abwehr – gab es bei den US-Einheiten bis zum Bataillon herunter, etwa dem deutschen Abwehr-Offizier entsprechend. Die Aufgabe von G-2 war eindeutig die Aufklärung. Dazu spielten die Verhöre der Gefangenen eine große Rolle. Die Berichte, die diese Abteilung verfasste, waren die G-2-Journale, die dann zusammengefasst wurden in sogenannten „Periodic reports“, die an andere Einheiten zur Information weiter gegeben wurden und dort zur Vorbereitung der operativen Planung dienten.

Auch ein Feld-Ersatz-Bataillon sollte nach dem Befehl vom 29. März 1945 für die neue 85. Infanterie-Division nicht mehr aufgestellt werden. Man rechnete also mit keinem weiteren Ersatz – ein besonders typisches Zeichen für den zu Ende gehenden Krieg.

Ein paar Worte zum Truppenübungsplatz Döberitz. Es kann hier nicht der Platz sein, eine Geschichte dieses preußischen Truppen-Übungsplatzes zu liefern. Für die vorliegende Arbeit interessant ist besonders die Infanterieschule Döberitz. An der Schule wurden ausgebildet: Zugführer, Kompanieführer, Bataillons- und Regimentskommandeure. Ein Lehrgang für Divisionskommandeure des Ersatzheeres über Methodik der Ausbildung war ebenfalls vorgesehen. (siehe Oberst Lorenz) „Des weiteren wurden ausgebildet: Fahnenjunker und Fähnriche, Schießlehrer, Kraftfahrzeugführer und technische Sonderdienstgrade. Es gab Zeiten, in denen an der Schule über 1.000 Offiziere an Kursen teilnahmen. An der Spitze der Lehrgänge standen Oberste mit Kriegserfahrung. Die Taktiklehrer bei dem Lehrgang für Regimentskommandeure waren bewährte Frontsoldaten im Range eines Obersts. Ein ziemlich regelmäßiger Austausch von Lehroffizieren und Frontoffizieren wurde angestrebt. Die Schule war im alten Lager Döberitz und im olympischen Dorf Döberitz (großes Barackenlager) untergebracht; die Lehrtruppe lag in neuen Kasernen.

Im Februar 1945 wurde aus der Infanterie-Schule als Alarm-Einheit die Division „Döberitz“ (auch 303. Infanterie-Division genannt) unter Oberst Hans-Wolfgang Scheunemann aufgestellt. Sie gehörte vor Beginn der Kämpfe um Berlin zum XI. SS-Panzerkorps der 9. Armee (General Busse) und wurde bei den späteren Kämpfen völlig zerschlagen.

Große Teile der Döberitzer Kasernen standen nun leer und waren bereit zur Aufnahme von Soldaten für die wieder aufzustellende 85. Infanterie-Division. Das Artillerie-Regiment 185 war im Raum Aachen/Eifel mit vernichtet worden. Es musste also völlig neu wieder aufgestellt werden. Nach der Gliederung einer Division 45 sollte es aus drei leichten Artillerie-Abteilungen, einer leichten Feldgeschütz-Batterie und einer schweren Abteilung mit zwei schweren Feldhaubitzen-Batterien bestehen.

Doch bereits in der „Vortragsnotiz“ wird bemerkt, dass die neue Division „ohne eine leichte Artillerie-Abteilung“ aufgestellt werden muss. Auch das personelle Aufkommen und die Pioniere seien nicht gesichert, „weil die entsprechenden Schulen nicht – wie ursprünglich beabsichtigt – zur Verfügung stehen.“

Die Personalstärke einer Volksgrenadier-Division war mit 10.072 Mann festgesetzt worden, gegenüber rund 17.200 zu Kriegsbeginn. Natürlich waren das nach sechs Jahren Krieg keine Divisionen mehr im alten Sinne, sie waren nicht mehr in voller Stärke vorhanden mit allen sich daraus ergebenen Folgeerscheinungen für die Widerstandskraft. Hier wird deutlich, dass der Krieg im Grunde verloren war, denn mit psychologischen Mitteln war der Stärke des Gegners nicht zu begegnen. Da half auch nicht, dass man in die zum Jahresende 1944 neu aufgestellte Volksgrenadier-Divisionen die Masse des neuen Rekruten-Jahrgangs 1927 stecken wollte, um sie so zu „Elite-Divisionen“ zu machen. Sicher waren die Jüngsten noch am begeisterungsfähigsten. Fehlende Panzer, Treibstoff und Munition konnten sie jedoch nicht ersetzen.

Die Zuführung des Artillerie-Korps 412

Laut „Geburtsurkunde“ soll zur Stammbildung (gemäß eines Sonderbefehls) die III. Abteilung des Volks-Artillerie-Korps 412 zur Verfügung stehen. Handschriftlich ist mit einem Sternchen-Vermerk am unteren Blattrand „VI/412“ notiert. Das Volks-Artillerie-Korps 412 war am 30. Januar 1945 im Wehrkreis II (Stettin) aufgestellt worden. Es sollte sechs Abteilungen erhalten, die II. wurde aber nicht aufgestellt. Stab I. und III. Abteilung befanden sich in Güstrow, die IV. und V. in Neustrelitz, die VI. Abteilung in Schwerin.

Die III. Abteilung (Güstrow) und die VI. Abteilung (Schwerin) wurden nun zur Wiederaufstellung des Artillerie-Regiments 185 in Döberitz herangezogen. Es ist nicht bekannt, inwieweit die Soll-Stärke erreicht wurde.

Die weiteren Abteilungen des Volks-Artillerie-Korps 411 wurden der Division „Ulrich von Hutten“ und der Stab der I. und IV. Abteilung des Volks-Artillerie-Korps 412 der Divisionen „Scharnhorst“ zugeteilt. (Anlage 2)

Besonders bedeutsam, aber auch schwierig, war die Wiederaufstellung der Panzerjäger-Abteilung 185. Noch so moderne Panzerfäuste und Sturmgewehre reichten nicht aus, um die in ihrer Masse unendlich überlegenen amerikanischen oder sowjetischen Panzer zu bekämpfen. Deshalb sah die Gliederung der Infanterie-Division 45 für die Panzerjäger-Abteilung auch vor:

1. eine Kompanie mit 12 schweren Panzerabwehrkanonen (Pak), 5 cm, möglichst aber 7,6 cm Kaliber, auf Selbstfahrlafetten.
2. eine Kompanie mit 14 Sturmgeschützen
3. eine Kompanie als Flak (motorisiert) mit neun 3,7 cm Flak-Geschützen.

Die Sturmgeschütz-Kompanie trug eine eigene Bezeichnung mit einer um 1.000 erhöhten Nummer, also 1185. Im Oktober 1944 erfolgte eine Umbenennung in Panzerjäger-Kompanie 1185. Ende Februar 1945 nannte sie sich Jagdpanzer-Kompanie 1185.

Die bei der alten Division erst im November 1944 errichtete, aus der Panzerjäger-Kompanie hervorgegangene Panzerjäger-Abteilung war bei Aachen mit vernichtet worden.

Zur Wiederaufstellung in Döberitz sollten laut „Geburtsurkunde“ zur Verfügung stehen:

– die Jagdpanzer-Kompanie 1185, einschließlich Grenadier-Begleit-Zug
– die 3. Flakkompanie 185
– als Personaleinheit eine (mot Z) 1. Kompanie, also ohne Pak.

Flak und Pak: Zuführung gemäß Sonderbefehl

Das alles aber waren fromme Wünsche. Nach Mitteilung von Lorenz an Gellermann sind keine Sturmgeschütze zugeführt worden und die Pak, die aus dem Raum Gotha angeliefert werden sollten, erreichten Döberitz nicht mehr. Woher die Jagd-Panzer-Kompanie 1185 kommen sollte, konnte nicht geklärt werden.

Ähnliches ist von der 3. Flak-Kompanie 185 zu berichten. Eine Lokalisierung des Standortes vom Flak-Regiment 185, geschweige denn von seiner 3. Kompanie, ist nicht gelungen.

Interessant ist vielleicht, dass vom 15. Mai 1944 an und auch noch am 8. April 1945 ein Hauptmann d.R. Dittbern als Kommandeur der Panzerjäger-Abteilung genannt wird. Das Unvermögen, gerade diese Abteilung wieder aufzustellen, macht das unmittelbare Ende des Krieges überdeutlich.

Im Stellenbesetzungsplan der Division „Potsdam“ wird im Artillerie-Regiment 1185 als Führer der II. Abteilung ein Major Steiner genannt. Im gesamten Einsatzgebiet der Division „Potsdam“ findet die Abteilung Steiner jedoch keine Erwähnung. Hinweise gibt es jedoch bei der Division „Scharnhorst“ im Bereich um Dessau. Hauptmann Rudolf Witzel von der schweren Abteilung des Heeresartilleriekommandos 412 bei der Division „Scharnhorst“ schreibt dazu in seinem Buch: „Mit Mörsern, Haubitzen und Kanonen“, S. 382,: „Eine direkte Verbindung mit dem Regiment Pick bestand nicht, vielmehr war ich dem Stab Steiner unterstellt, der noch über weitere Artillerie hier im Raum verfügt haben muss. (Vielleicht eine Abteilung der zerflatterten Division „Potsdam“.) Sonst wäre seine Einschaltung sinnlos gewesen.“ Der Stab Steiner war auch noch mit der Division „Scharnhorst“ in Richtung Osten bis Beelitz im Einsatz und ging bei Tangermünde in amerikanische Gefangenschaft. Wer den Befehl für den Einsatz der Abteilung Steiner bei der Division „Scharnhorst“ gegeben hat, konnte nicht festgestellt werden. Es ist aber zu vermuten, dass durch das schnelle Vordringen der amerikanischen Panzerspitzen vom Harz zur Elbe der Einsatz bei der Division „Potsdam“ nicht mehr ermöglicht werden konnte.

Das Pionier-Bataillon findet in den Unterlagen zur Wiederaufstellung der neuen 85. Infanterie-Division nur indirekt Erwähnung, als in der „Vortragsnotiz“ der Satz zu finden ist: „Aufbringung der Pionierbataillone wird noch geklärt“. Als Kommandeur wird am 8. April 1945 ein Oberleutnant d.R. Niggemeyer genannt, Jahrgang 1918, der jüngste Kommandeur in der Division, aber Träger des Eichenlaubs zum Ritterkreuz.

Das Füsilier-Bataillon – laut Gliederung der Infanterie-Division 45 mit vier Kompanien auf Fahrrädern – findet keinerlei Erwähnung, ist jedoch im Harz im Einsatz gewesen. Es konnte jedoch nicht exakt lokalisiert werden. Es gibt nur zwei Hinweise, einen im Erlebnisbericht von Dr. Mederake, der im Füsilierbataillon kurze Zeit eingesetzt war, und einen zweiten durch Hauptmann Alfred Voerster vom 2. Bataillon 1053. Auch die Nachrichten-Abteilung, als deren Kommandeur seit der Aufstellung der alten Division im Februar 1944 ein Major Majunke genannt wird, findet nur als „Stamm“ der neuen Division Erwähnung.

Die zweite Seite der „Geburtsurkunde“ enthält personelle und materielle Bestimmungen, die zwar in bürokratisch-militärischem Deutsch, aber doch so weit verständlich geschrieben sind, dass sie keiner großen Erklärung bedürfen.

Die „fechtenden Teile“ der wieder aufzustellenden Division seien „von Schulen und Lehrgängen aller Waffengattungen“ zu stellen, sofern sie eine Grundausbildung von acht Wochen hinter sich haben“. Auf „bereits durch das OKH verpflichtetes Personal könne zurückgegriffen werden. Auch für die materielle Ausstattung (Waffen, Geräte und Kraftfahrzeuge) sollten die Schulen aufkommen. Kraftfahrzeuge, Fahrräder und Geschirre aber „sind im Einvernehmen mit dem Bevollmächtigten des Führers für das Kfz-Wesen bzw. dem Wehrwirtschafts-Offizier des Wehrkreises zu beschlagnahmen“, wenn der Bestand der Schulen nicht ausreicht.

Die „Vortragsnotiz“ vom nächsten Tag bringt noch einige ins Einzelne gehende Erläuterungen. Sie gelten für alle neuen Divisionen, die drei „Nachwuchs“- und die drei „Arbeitsdienst-Divisionen“. Der Vortragende betont, dass nunmehr keine weiteren Neuaufstellungen durch den Oberbefehlshaber des Ersatzheeres erfolgen können. „Aus dem verbleibenden Rest des Ersatzheeres kann nur noch Einzelpersonal (Genesende) entnommen werden.“ Materielle Aushilfen aus dem Ersatzheer sind nicht mehr möglich ... Es muss bei Bedarf Betriebsstoff für Überführungen von Kraftfahrzeugen im Landmarsch zur Verfügung gestellt werden.“ Und schließlich als Drohung: Alle Forderungen des ObdE/AHA Stab über Beschlagnahme von Kraftfahrzeugen, Feldwagen, Geschirren und Fahrrädern aus der Wirtschaft mussten durch das OKW genehmigt werden. Das heißt auf gut Deutsch: Nun ist der Krieg zu Ende!

Am 4. April 1945 kam der Befehl, die weitere Wiederaufstellung der 85. Infanterie-Division sofort einzustellen. Im erreichten Stand sollte sie ab sofort als Stamm für die neu aufzustellende „Division Potsdam" dienen.

Oberstleutnant Werner Ziegler (Archiv Wittig).

Mit diesem Namenswechsel wurde sie als letzte der sechs neuen aus den Nummern-Divisionen herausgenommen. Die Aufstellung lief weiter. Am Sonntag, dem 8. April, erhielt sie in einer großen Feierstunde ihren neuen Namen.

Heute noch krankt die Forschung um und nach „Potsdam" daran, dass die Zeitzeugen kaum Kenntnisse von den Namen ihrer Offiziere hatten. Zu kurz war die Zeit, in der sie mit ihnen zusammen waren. Auch die Bezeichnung der Einheiten war oft unbekannt. Potsdam 1 oder 1053 Potsdam 2 oder 1054 sowie Potsdam 3 oder 1064 kannten einige noch, aber welches Bataillon? Es fehlten Zeit und Möglichkeit, in gründlicher Ausbildung eine aus zusammengewürfelten Uniformträgern bestehende Einheit zu einem schlagkräftigen Verband zu bilden. So konnte ein „Korpsgeist" wie bei einer alten Division hier erst gar nicht entstehen. Sie waren Soldaten ohne Fronterfahrung. Über lange Zeit hinweg machte sich auch überaus störend bemerkbar, dass es für „Potsdam" keinen Stellenbesetzungsplan gab. Erst im Jahre 1998 konnte der Autor vom Militärhistoriker Kurt Mehner gleich zwei teilweise verschiedene Stellenbesetzungspläne mit unterschiedlicher Schreibweise der Namen erhalten. Bei den Befehlsverhältnissen jener Zeit ist es durchaus möglich, dass sich kurzfristig von der ursprünglich vorgesehenen Stellenbesetzung noch Änderungen ergaben.

So erhielt beispielsweise der Oberstleutnant Werner Ziegler (121. Eichenlaub am 6.9.1942 und 102. Schwerter am 23.10.1944) nach Ausheilung einer Verwundung Ende März 1945 einen Einsatzbefehl nach Döberitz, um dort das Regiment 1053 von Potsdam zu übernehmen. Auf der Fahrt nach Döberitz verunglückte er bei Bitterfeld durch einen Autounfall. Sein Fahrer war tot. Ziegler wurde schwer verletzt in das Olympia-Lazarett in Döberitz eingeliefert und konnte bis Kriegsende nicht mehr eingesetzt werden. Er hatte auch keine Verbindung mehr mit der Division „Potsdam".[6] Nach dem Krieg arbeitete er von 1946 bis 1956 in der Industrie als leitender kaufmännischer Angestellter und diente von 1956 bis 1968 als Oberst in der Bundeswehr.

Stellenbesetzungsplan der Infanterie-Division „Potsdam" vom 8. April 1945
Divisionskommandeur:
Lorenz, Erich, Oberst d.R. (am 15.3.1945 mit der Führung beauftragt.) Letzte Beförderung: 1.10.1944, Geburtsjahr 1905, höchste Auszeichnung: Eichenlaub zum Ritterkreuz

Ia	*Major i.G. Gaul, Heinz, 9.11.1944, 1917, Eisernes Kreuz I. Klasse
Ib	*Hauptmann d.R. Witte, 1.2.1943, 1908, EK I
IIa	*Hauptmann d.R. Ohler, Ernst, 1.1.1914, Deutsches Kreuz in Gold
NSFO	*Hauptmann d.R. Robinson, 1.12.1944, 1903, EK I

Grenadierregiment Potsdam 1 / 1053

Kommandeur:	*Major Pohl, 1.10.1943, 1914, EK I
I. Bataillon:	Hauptmann d.R. Fasseing, 1.2.1944, 1912, EK I
II. Bataillon:	Hauptmann Voerster, Alfred, 1.4.1942, 1915, EK I

Grenadierregiment Potsdam 2 / 1054

Kommandeur:	Oberst Grassau, Fritz, 1.6.1944, 1905, Ritterkreuz
I. Bataillon :	Hauptmann Ditgens, 1.10.1942, 1914, EK I
II. Bataillon:	Hauptmann Pichel, 1.1.1942, 1915, EK I

Grenadierregiment Potsdam 3 / 1064

Kommandeur:	Major Schwieger, Hans-Gunnar, 1.6.1943, 1910, Ritterkreuz
I. Bataillon:	Hauptmann Henne, Hans-Joachim, 1.1.1943, 1914, Deutsches Kreuz in Gold
II. Bataillon:	Hauptmann Fest, Walter, 1.5.1943, 1916, EK I

Artillerie-Regiment 1185

Kommandeur:	Major Grass, Oscar, 1.7.1943, 1911, Ehrenspange
I. Abteilung:	Hauptmann d.R. Heise, 1.7.1944, 1914, EK I
II. Abteilung:	Major Steiner, 1.7.1944, EK I
Schwere Abt.:	Hauptmann Müller, 1.3.1942, 1914, EK I

Panzerjäger-Abteilung

Kommandeur:	Hauptmann Dittbern, Alfred, 1.2.1944, 1910, EK I

Füsilier-Bataillon
Kommandeur: Major Mittermeier, 1.12.1943, 1913, EK II

Pionier-Bataillon
Oberleutnant d.R. Niggemeyer, Wilhelm, 1.2.1943, 1918, Eichenlaub zum Ritterkreuz

Nachrichten-Abteilung
Kommandeur: *Major Majunke, 1.1.1945, 1912, EK I

Versorgungs-Regiment
entfällt

Feld-Ersatz-Bataillon
entfällt

Bemerkungen zum Stellenbesetzungsplan
Mit * sind alle Namen gekennzeichnet, die schon im Stellenplan der 85. Infanterie-Division vorkommen.[7]

Der Zusammenbruch der Westfront im April 1945

Am 7. März 1945 war es den Amerikanern gelungen, über die Ludendorff-Brücke bei Remagen ungehindert den Rhein zu überqueren. Sie bekamen eine fast unbeschädigte Brücke über den Rhein und damit eine perfekte Nachschublinie in die Hand. Den deutschen Pionieren war die rechtzeitige und vollständige Sprengung der Brücke misslungen. Dieser Übergang wurde zum Sprungbrett für die Amerikaner in das Innere von Deutschland. Am Abend des 9. März standen bereits 20.000 Amerikaner mit Panzern und schweren Waffen am Ostufer des Rheins. Bis zum 17. März hatte der Brückenkopf bereits eine Ausdehnung von Siegburg bis Neuwied und eine Tiefe von 15 Kilometern.

Versuche der deutschen Luftwaffe am 13. März, den strategisch wichtigen Rheinübergang und die mittlerweile zwei von den Amerikanern parallel errichteten Pontonübergänge zu zerstören, misslangen. Kampfschwimmer wurden eingesetzt und elf „V 2“ – Raketengeschosse (V = Vergeltungswaffe) gelangten zum Einsatz. Trotz aller Bemühungen scheiterten die deutschen Luftangriffe an der weit überlegenen Luftabwehr der Alliierten, dennoch stürzte die Brücke am 17. März, zehn Tage nach ihrer Eroberung, offenbar wegen Materialermüdung und Überlastung ein.

Am 23. März gab der englische Feldmarschall Montgomery am Niederrhein den Befehl zum Großangriff auf einer Breite von 40 Kilometern. Um 21 Uhr hatten die ersten britischen Verbände nach einem ungeheuren Feuerschlag den Rhein bei Wesel überquert und die unter Montgomerys Befehl stehende 9. US-Armee (Simpson) hatte bereits am 24. März Dinslaken in der Hand, nachdem 20.000 amerikanische und britische Fallschirmjäger und Luftlandetruppen bei Wesel abgesetzt worden waren.

Vom Rheinbrückenkopf Remagen aus war die 1. US-Armee (Hodges) unter Umgehung des südlichen Ruhrgebietes in das Sieger- und Sauerland vorgerückt. Die 9. US-Armee (Simpson) sowie die britische 2. Armee hatten vom Brückenkopf Wesel aus kommend das nördliche Ruhrgebiet umfasst. Ende März war die Schlacht um den Rhein entschieden. Am 1. April waren die alliierten Verbände bei Lippstadt zusammengetroffen und hatten die deutschen Truppen im Ruhrkessel eingeschlossen. Dort standen neben der deutschen Heeresgruppe B (Model) die 5. Panzerarmee, die 15. Armee sowie weitere kleinere deutsche Verbände, mit Waffen, Munition und Treibstoff schlecht ausgerüstet sowie ohne Unterstützung durch die nahezu völlig zerschlagene deutsche Luftwaffe. Die alliierten Streitkräfte rückten in den Folgetagen tiefer in das Ruhrgebiet vor. Am 14. April trieben sie bei Hagen einen Keil zwischen die deutschen Verbände und spalteten sie auf.

Bei Düsseldorf ergaben sich die letzten der im Ruhrgebiet eingeschlossenen Verbände der deutschen Wehrmacht den alliierten Streitkräften. Mehr als 325.000 Soldaten gingen aus dem Ruhrkessel bis 17. April in die Gefangenschaft.[8]

Die amerikanische Offensive nach Mitteldeutschland begann, als der hinter der 1. und 9. US-Armee liegende Ruhrkessel mit der eingeschlossenen Heeresgruppe B für die amerikanischen Kräfte keine Gefahr mehr bildete. Die 1., 3. und 9. US-Armee sollten in breit gefächerter Form zur Elbe hin angreifen. Die 9. US-Armee (Simpson), die Bradley am 4. April wieder zugeführt wurde, nachdem ihre Unterstellung unter Montgomerys 21. Heeresgruppe rückgängig gemacht worden war, bekam als Richtungsziel die Elbe über Hannover und Magdeburg zugewiesen, um auf dem Ostufer der Elbe Brückenköpfe zu errichten, die 1. US-Armee (Hodges) den Raum Halle-Leipzig und die 3. Armee (Patton) das Gebiet Sachsen und Bayrischer Wald. Es waren 48 Divisionen mit 1,3 Millionen Mann, entsprechenden Luftwaffeneinheiten, der 8. US-Luftflotte und Teilen der 2. britischen Luftflotte. Der Vormarsch der Amerikaner war dann am 4. April angelaufen und nicht mehr zu stoppen. Mitteldeutschland lag offen vor ihnen, in das nun die drei amerikanischen Armeen hineinstoßen konnten.

Am 5. und 6. April drückten Kampfverbände der Amerikaner den gehaltenen Werra-Weser-Brückenkopf ein. Weiter nördlich bei Holzminden und Bodenwerder erreichten Truppen der 9. US-Armee die Weser. Kassel wurde am 4. April besetzt, Göttingen fiel am 7. April und Duderstadt am 9. April. Damit standen die US-Truppen vor den Toren des Harzes.

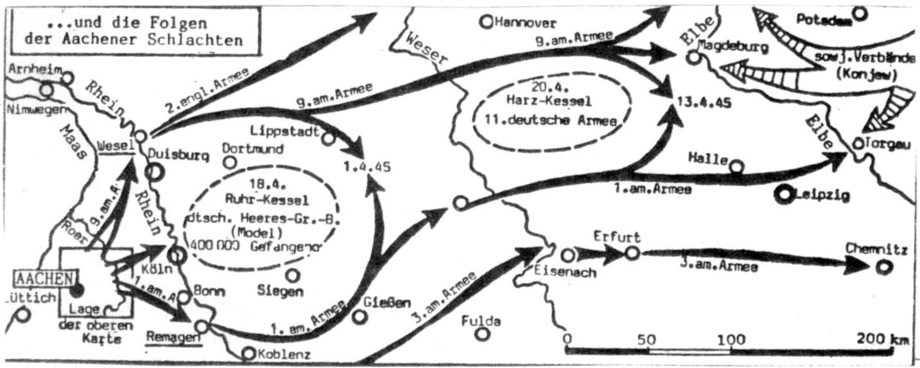

Die militärische Lage an der Westfront.

Die „Festung Harz" und der aussichtslose Abwehrkampf

In der Westfront klaffte nun zwischen Ruhrgebiet und Harz eine große Lücke. Für Generalfeldmarschall Kesselring, seit 11. März 1945 neuer Oberbefehlshaber West, bestand nicht die geringste Aussicht, diese Lücke wieder schließen zu können. In seinem Befehlszug, einem Eisenbahnzug, der aus je einem Wagen für die Arbeit der Funk- und Fernschreibanlagen sowie Schlaf- und Speisewagen bestand und von Ohrdruf nach Blankenburg gefahren war, versuchte Kesselring zu retten, was zu retten war. Im Wald von Elbingerode bis Drei-Annen-Hohne operierte der Sonderzug. Die damalige Eisenbahnstrecke nach Drei-Annen-Hohne führte durch hohen Waldbestand. Dadurch war sie gegen Jagdbomberbeschuss relativ getarnt. Dieser Zug sollte ursprünglich in dem Tunnel Kreuztal stehen, aber damit wäre sämtlicher Zugverkehr unterbrochen worden.

Die Verteidigung des Harzes war mit den geringen Kräften von vornherein aussichtslos. Aufgrund der Lage forderte GFM Kesselring die Zuführung von Truppen der 12. Armee in den Harz. Durch diese Anforderung wurde die in der Aufstellung begriffene Infanterie-Division „Potsdam" ab 8. April 1945 in den Harz verlegt. Ihr wurde die Verteidigungsstellung zwischen Wernigerode und Quedlinburg befohlen. Am 6. April waren die Befehlsverhältnisse im Westen erneut verändert worden. GFM Kesselring verließ am 8. April den Harz, um als neuer Oberbefehlshaber Süd seinen Gefechtsstand in Süddeutschland einzurichten.

Am 8. April 1945 erklärte das Oberkommando der Wehrmacht (OKW) auf Weisung Hitlers den 2.200 Quadratkilometer großen Harz zur Festung, obwohl er diese Voraussetzung für eine Versorgung von militärischen Truppen und der Bevölkerung nicht erfüllte. Der Harz war leicht zu umgehen und durch massive Luftangriffe verwundbar. Mehrere Orte im Harz waren zu Lazarett-Städten erklärt worden. Mit der Verteidigung und dem Auftrag, den Gegner am schnellen Vordringen in den Harzer Raum zu hindern, wurde die 11. Armee (General der Artillerie Walther Lucht) beauftragt. In der Nacht zum 7. April 1945 traf General Lucht auf dem Gefechtsstand der 11. Armee bei Göttingen ein und übernahm das Kommando. Die Armee war – nach kurzfristiger Verwendung bei der Heeresgruppe Weichsel – Anfang März mit aus dem Ruhrgebiet entkommenen Resten der Heeresgruppe B und Ersatztruppenteilen (Wehrkreis VI/Münster und IX/Kassel) gebildet worden mit dem Auftrag, die Weser-Fulda-Linie zu verteidigen. Generalleutnant Rathke erhielt den Auftrag, die Saale-Linie als vorgeschobene Sicherung für den Aufmarsch der 12. Armee zur 11. Armee zu gewährleisten. Dazu war von der Bodemündung in die Saale (Nienburg) bis an den Bereich Dessau-Roßlau eine Verteidigungslinie mit den Fahnenjunkerregimentern „Scharnhorst" sowie „Ulrich von Hutten" und der Luft-Nachrichtenschule vorgesehen. General Rathke wurde Kampfkommandant in Halle.

Das Harzgebirge bot sich jedoch nicht nur aus militärischen Gründen wegen seiner Lage und Beschaffenheit für eine hinhaltende Verteidigung an. In der letzten Phase des Krieges waren verschiedene wichtige Rüstungsbetriebe und Dienststellen des Reichsministeriums für Rüstung und Kriegsproduktion in das Harzgebiet verlegt worden. In Nordhausen wurde ein Teil der deutschen Wunderwaffen, Werner von Brauns Raketen, montiert und lagerten unersetzliche Dokumente über die Raketen, die vom Versuchsgelände Peenemünde nach Bleicherode transportiert worden waren. Beim Anrücken der Amerikaner wurden die Akten wieder ausgelagert. Die Wissenschaftler verließen in einem Sonderzug Thüringen. Letzte Dokumente wurden im Kloster Ilfeld verbrannt.

Auch in Thüringen im Salzbergwerk von Merkers an der Werra hatten die Nationalsozialisten die Reichtümer der Reichsbank, die Beuteschätze der SS und Gemälde aus Berliner Museen eingelagert. In einem riesigen Gewölbe lagerten Säcke mit Goldmünzen, Goldbarren, Kisten mit Zahngold, Gemälde und drei Milliarden Reichsmark als Banknoten.[9]

Nach Hitlers Plan sollte sich die 11. Armee in den Harz zurückziehen und dort die Amerikaner aufhalten, um General Wenck für seine noch im Entstehen begriffene 12. Armee genügend Zeit zu geben, sich östlich der Elbe zusammenzuziehen. Von der „Armee Wenck", nach ihrem Oberbefehlshaber Walther Wenck genannt, erhoffte man sich noch kriegsentscheidende Maßnahmen. Als Wenck Anfang April das Kommando übernahm, war diese Armee zunächst nur auf dem Papier vorhanden. Ursprünglich hatte die neu aufgestellte 12. Armee zusammen mit der im Harz versammelten 11. Armee und mit Unterstützung des aus dem Raum Uelzen vorstoßenden XXXIX. Panzerkorps die im Ruhrkessel eingeschlossene Heeresgruppe B freikämpfen sollen, um im Westen eine neue geschlossene Front aufzubauen. Eine solche Aktion ohne Luftunterstützung über derartige Entfernungen war angesichts

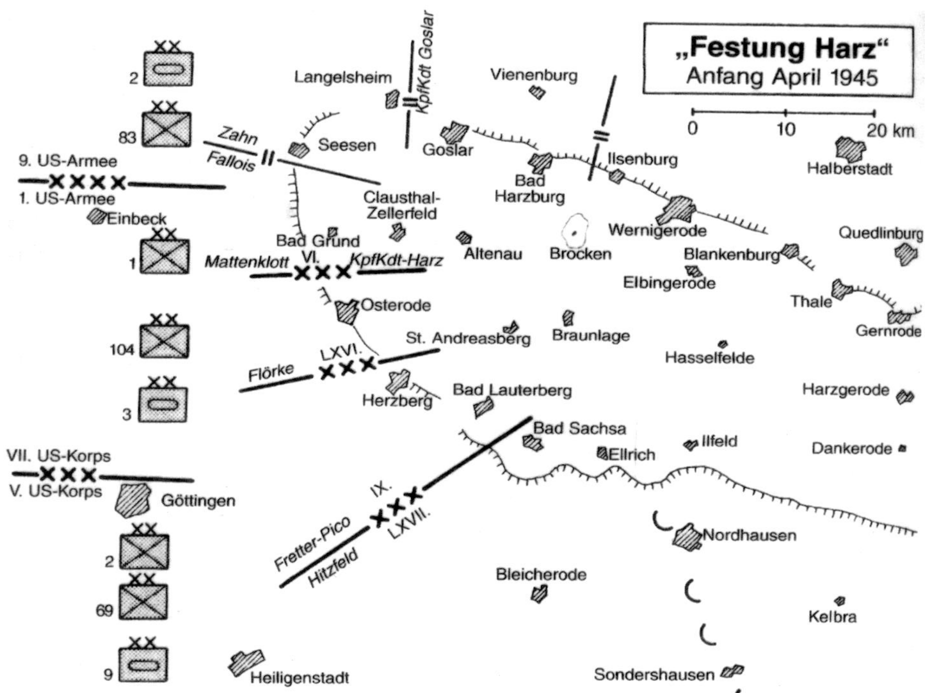

Die Festung Harz (Archiv Saft).

der totalen Luftüberlegenheit der Alliierten von vornherein zum Scheitern verurteilt. Tage später wurde dieser Befehl abgewandelt in einen Angriff zum Harz, um die dort eingeschlossene 11. Armee zu befreien.

Dazu kam es jedoch nicht mehr. Dem XXXIX. Panzerkorps, insbesondere der Panzerdivision „Clausewitz“, die sich noch in der Aufstellung befanden, wurde von Hitler vorzeitig ohne Luftunterstützung der Angriff befohlen. Man kam über kleine Anfangserfolge nicht hinaus, und es führte am 21. April 1945 im Raume Fallersleben zur Vernichtung aller am Angriff beteiligten Truppen. Mit der Zerschlagung der Divisionen „Schlageter“ und „Clausewitz“ hatte die 12. Armee zwei Divisionen verloren, die ihr noch nicht einmal zugeführt worden waren. Die 11. Armee war durch starke amerikanische Kräfte gebunden. Die Verbände der 12. Armee konnten den Angriff nach Westen nicht beginnen, da sie bereits während der Aufstellung in Kämpfe mit den vordringenden Amerikanern verwickelt waren. Die Konzeption des Führerhauptquartiers wurde von den Ereignissen überholt. Wie bereits berichtet, erlosch der Widerstand der Heeresgruppe B im Ruhrkessel am 17. April 1945.

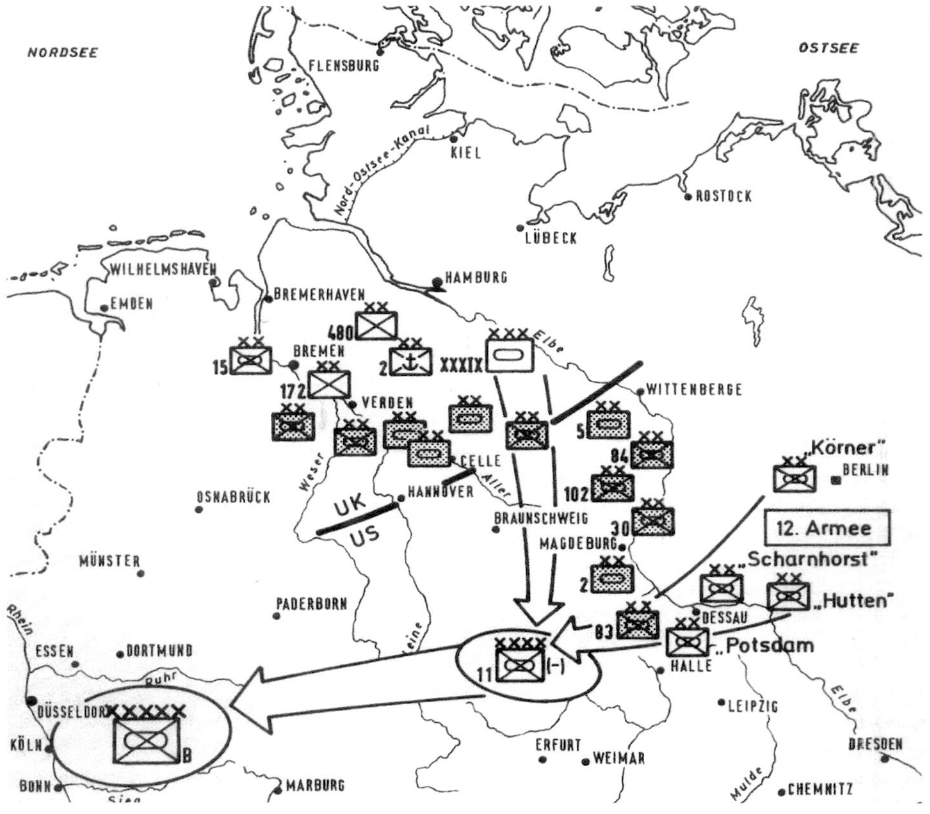

Deutscher Operationsplan zur Befreiung der Heeresgruppe B im „Ruhrkessel"

Als die 9. US-Armee das Gebirge im Norden umgangen hatte, war der Plan „Festung Harz" sinnlos geworden. Aber Lucht hatte keine Wahl mehr, seine angeschlagenen Verbände hatten die anstürmenden Panzer der 1. US-Armee in der Weite der Thüringischen Ebene nicht aufhalten können und mussten sich nunmehr auf eine Position zurückziehen, die sich verteidigen ließ. Nur der Harz bot noch diese Möglichkeit.

Voller Pflichtbewusstsein opferte Lucht eines seiner erschöpften Korps bei dem Versuch, den Vormarsch der 1. US-Armee zu bremsen und zwischen Harz und der Stadt Halle einen Korridor offen zu halten, damit Wencks 12. Armee die herankommenden Amerikaner in westlicher Richtung angreifen konnte. Danach zog sich Lucht hastig mit den verbliebenen Korps in die Berge zurück. General Luchts Einschätzung der Operationen fiel klar und knapp aus: „eine hoffnungslose Aufga-

Der Oberbefehlshaber der 11. Armee, General der Artillerie Walther Lucht.

be“. Seine Armee, etwa 70.000 Mann, bestand aus einem Sammelsurium von abgekämpften Wehrmachtssoldaten, SS-Männern, Polizeikräften, jungen Rekruten und Hitlerjungen. Außerdem herrschte ein akuter Mangel an Waffen und Nachschub. Die Wehrmacht nutzte noch die Hermannshöhle in Rübeland zur Aufbewahrung von Lebensmitteln. Es blieb den Verteidigern auch keine Zeit, die Stellungen sorgfältig auszubauen. Die Einheiten wurden kaum geschlossen eingesetzt. Lucht ließ seine Truppen zum Abwehrkampf in viele kleine Verbände (Kompanie- und Zugstärke) über den ganzen Harz verteilen. Die Züge und Gruppen erfüllten überwiegend Aufklärung- und Sicherungsaufgaben und leisteten hinhaltenden Widerstand. Dabei ging allerdings das lebensnotwendige Verbindungshalten zu den Nachbareinheiten verloren, und jeder Frontzusammenhang wurde zerrissen. Die ganze Verteidigung war nur von Improvisation und Notbehelfen gekennzeichnet.

Für Lucht begann der Kampf am 11. April. Seine Truppen wurden von Verbänden zweier Infanterie-Divisionen der 1. US-Armee angegriffen, von der 1. Division von Westen her, sie war die Stoßtruppe, die sie gegen die Harzfestung einsetzten, und von der 104. Division aus dem Süden sowie der 3. und 5. US-Panzerdivision. Die Truppen der 1. US-Armee (Hodges) erhielten auch Unterstützung von der 83. US-Infanteriedivision (9. US-Armee Simpson), die nach Norden vorstieß. Sie erhielten die Aufgabe, die deutschen Stellungen innerhalb ihres Einsatzgebietes im Harz zu beseitigen. Das 330. US-Regiment der 83. US-Division und eine Kampfgruppe der 8. Panzerdivision drangen in die nördlichen Ausläufer des Harzes ein. Das US-Regiment nahm Verbindung mit den Truppen der 1. US-Infanterie-Division auf und wurde zur Eroberung und Besetzung der Ortschaften Wildemann, Lautenthal, Hahnenklee-Bockwiese, Schulenberg und dem nördlichen Brockengebiet von Seesen, Langelsheim, Oker, Bad Harzburg eingesetzt. Zur gleichen Zeit rückte die 9. Division der 1. US-Armee von Osten und Süden heran. Die Amerikaner konnten nicht mehr zurückgehalten werden.

Am 14. April nahm das Kampfgeschehen für die Deutschen eine schicksalhafte Wendung. Die Truppen der 1. und Teile der 83. Division trafen im Innern des Harzes zusammen. Durch den Vorstoß der 1. US-Armee wurden 15.000 Soldaten abgeschnitten. Sie hielten sich kämpfend bis zum 21. April. Damit war Luchts Befehlsbereich in zwei Hälften zerschnitten. Von allen Seiten rückten die Amerikaner näher, und Lucht musste sein Hauptquartier aus der Stadt Braunlage verlegen. Nach weiteren mehrmaligen Umzügen gelangte er schließlich in Blankenburg am Ostrand des Harzes.

Die Amerikaner waren einfach überall. Sie nahmen ein Dorf nach dem anderen ein und riegelten die Straßen ab. Blankenburg war beiderseits von amerikanischen Truppen umgangen. Zwei Bataillone des 329. US-Infanterie-Regiments besetzten bereits am 11. April Halberstadt. Am gleichen Tag begann um 15 Uhr der Kampf um Wernigerode. Lazarett- und HJ-Angehörige versuchten, den Angriff des 331. US-Infanterie-Regiments zu stoppen, gegen 19 Uhr war der letzte Widerstand gebrochen. Auf deutscher Seite verloren acht Soldaten ihr Leben.

Am 17. April waren Luchts Armee nur noch einige Panzer geblieben. Die Zahl der täglich nur von der 1. Division, der „Big Red One“ gemachten Kriegsgefangenen betrug bis 1.000 Mann. Am 17. April starteten die Amerikaner die Operation „Höhe 1142“ mit der Bombardierung des Brockens. Erst am 20. April besetzten sie den Brockengipfel.

Am 18. April griff die US-Luftwaffe zusätzlich den Forst Heimburg an und warf Brand- und Sprengbomben. Das deutsche Bataillon zog sich daraufhin kämpfend in Richtung Michaelstein zurück. Am 18. April erfolgte der erste Angriff auf das Gelände zwischen Derenburg und Heimburg, um westlich des Regensteins eine günstige Ausgangsposition für den Sturm auf Blankenburg zu schaffen. Heimburg konnte am 20. April nach schweren Kämpfen eingenommen werden. In Heimburg wurden später 18 gefallene „Potsdam-Soldaten“ beigesetzt.

Lucht und seine Stabsoffiziere erkannten, dass sie nichts mehr ausrichten konnten. In einzelnen Fällen unternahmen deutsche Kommandeure erste Versuche, wegen einer Übergabe zu verhandeln. Die Amerikaner, welche die Kämpfe rasch und ohne weitere Verluste beenden wollten, gingen bereitwillig darauf ein.

Der Kampf um Blankenburg begann am 18. April. Den Befehl zum Angriff erhielt das US-Panzer-Regiment B vom XIX. Korps am 19. April um 19 Uhr. Dieser 19. April war für die 11. Armee der Tag des endgültigen Zusammenbruchs. Der Rest der 11. Armee war in einem Raum von 16 Kilometern zusammengedrängt. Zwischen den Gefechtsständen der einzelnen Korps bestand keinerlei Verbindung

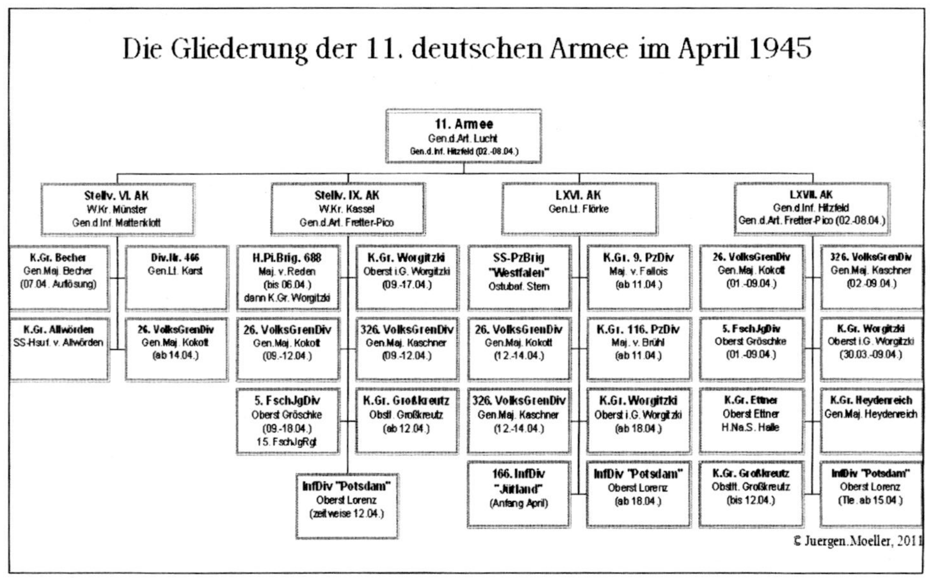

Zugehörigkeit der Division Potsdam vom 12. April bis zur Auflösung.

mehr. Generalleutnant Hermann Flörkes LXVI. Korps lag völlig eingeschlossen bei Elbingerode. Der Stab des Generals der Infanterie Franz Mattenklott, VI. Korps, hatte sich auf den Nackenberg, drei Kilometer südwestlich vom Heimburg, zurückgezogen. General der Artillerie Maximilian Fretter-Pico, IX. Korps, hatte einen Gefechtsstand im Jagdschloss Todtenrode, sechs Kilometer südlich von Blankenburg. General Otto Maximilian Hitzfeld, LXVII. Armee-Korps, dem auch die „Potsdamer" ab 15.4. bis 18.4.1945 unterstellt gewesen sein sollen, war seit 18. April in Thale. Er selbst blieb in Thale und meldete gegen 18 Uhr telefonisch an General Lucht die Auflösung seines Korps.

Sechs Blankenburger Hotels und die Knabenschule am Thie dienten als Lazarette. Am 20. April kam es in Blankenburg zur Übergabe der Stadt an die Amerikaner. Um 10 Uhr leitete eine Jagdbomberstaffel mit 13 Flugzeugen die Aktion ein, um die Verteidiger von Blankenburg zur Aufgabe zu zwingen. Sie fand aber keine militärischen Ziele mehr und konzentrierte die Angriffe auf das Zentrum der Stadt, wo 56 Wohnhäuser und Hotels sowie ein Stallgebäude vollständig zerstört und weitere Gebäude beschädigt worden sind. In einigen Straßen gab es Totalschäden. Die Feuerwehr bemühte sich nach dem Angriff, eine Ausbreitung der Brände zu verhindern. 146 Wohnungen waren vollständig und 92 Wohnungen teilweise zerstört. 419 Personen wurden obdachlos. Um 11 Uhr fuhren die bei Heimburg stehenden Panzer auf einer Hügelkette zwischen Heimburg und Blankenburg und

Gräberanlage Friedhof Blankenburg (Fotografie Stefan Nowack).

gaben nur jeder fünf Schuss auf die Stadt ab und zogen sich zurück. Sie gaben danach zwei Bataillonen der Artillerie das Schussfeld auf Blankenburg frei. Um 13.30 Uhr warf eine Staffel Jagdbomber ihre tödliche Last auf die Berghänge oberhalb der Stadt ab. Die noch vorhandenen Soldaten der „Potsdamer" und weiterer Resteinheiten hatten sich in die Wälder südlich der Stadt zurückgezogen. Sie gerieten an diesem Tag nicht in Gefangenschaft. Mehrere Gruppen deutscher Soldaten versuchten noch, in unterschiedliche Richtungen aus der Einschließung auszubrechen. Einigen gelang dies, die meisten scheiterten aber, und es gab auch noch Gefallene. Auf dem Friedhof beim Kloster Michaelstein sind zwölf deutsche Soldaten beigesetzt. Viele Bewohner der Stadt waren ebenfalls in die Wälder oder in überfüllte Bunker und Stollen geflüchtet.

Am Nachmittag gab es erste Gespräche zwischen den Deutschen und den Amerikanern. Um 17.15 Uhr begann die kampflose Übergabe. Das 36. US-Panzer-Bataillon rollte mit Begleitinfanterie von Westerhausen nach Blankenburg. Danach folgte das 49. Schützenpanzerwagen-Bataillon von Heimburg. Gegen 18.30 Uhr war Blankenburg vollständig von US-Truppen besetzt. Gefallene hat es dabei nicht mehr gegeben. Da viele Bewohner außerhalb der Stadt weilten, hatten sich die Verluste bei Zivilpersonen in Grenzen gehalten. Mit den Flüchtlingen lebten 25.000

Gedenkstein mit Namen aus Umbettungen deutscher Soldaten aus Waldgebieten im Harz (Fotografie Stefan Nowack).

Menschen in der Stadt. Beim Blankenburger Standesamt waren 75 Personen registriert, die bei Kampfhandlungen in Blankenburg ums Leben gekommen sind. Auf dem Blankenburger Friedhof ruhen auch ca. 125 Kriegstote, die in Lazaretten verstorben sind und aus Gräberumbettungen in den Jahren 1975/76. In den Wäldern waren in den letzten Kriegstagen viele, meist sehr junge Soldaten, ums Leben gekommen. Sie wurden oft an Ort und Stelle in Einzelgräbern, aber auch an Straßenrändern beigesetzt. Nach einem Beschluss des Rates des Kreises Wernigerode erfolgte Mitte der 1970er Jahre eine Umbettungsaktion dieser sterblichen Überreste zum Friedhof in Blankenburg.

Der Kampf um die „Festung Harz" war damit beendet. Nach dem Fall von Blankenburg hielten sich noch versprengte deutsche Einheiten um Thale auf. Sie wurden von amerikanischen Kampfverbänden, dem 18. Regiment der 1. US-Infanteriedivision, gefangen genommen. Darunter sollen auch viele von der Division „Potsdam" gewesen sein. Die verbliebenen Widerstandsnester gaben eines nach dem anderen den Kampf auf. Lucht ergab sich schließlich am 23. April einem Hauptmann der 8. US-Panzerdivision.

Von der Festung Harz war nichts übrig geblieben als fliehende oder sich ergebende deutsche Soldaten, flüchtig zugescharrte Soldatengräber, zerstörte Fahr-

General Walther Lucht, Befehlshaber der 11. Armee, geht am 23. April in amerikanische Gefangenschaft.

zeuge und weggeworfene Ausrüstung, die überall in den Wäldern herumlag. Es gab aber auch eine Anzahl kleiner Gruppen, die sich versteckt hielten. Teilweise trugen sie Waffen und Uniform, teilweise Zivil. Etliche von ihnen wollten auf eigene Faust weiterkämpfen und versuchten noch sehr gläubig, das Vaterland zu retten. Es war aber ein Irrsinn und kostete noch junge Menschenleben. Nachrichten sickerten durch, dass die Amerikaner und Russen an der Elbe standen und Berlin vor dem Fall stand. Als sicher galt das gesamte Terrain des Harzes erst im Juni 1945, wenngleich immer wieder mal von letzten „Werwölfen" gemunkelt wurde. Hinter den feindlichen Linien sollte nach Vorstellung von Goebbels der „Werwolf" als Partisanenbewegung operieren. Die Aktion gedieh jedoch nur zu einer geringen Zahl von Einzelaktionen, auf ganz Deutschland bezogen.

An dieser Stelle ergibt sich die Frage nach dem militärischen Sinn des Widerstandes, denn der Ausgang des Krieges war längst entschieden. Viele der jungen Soldaten, Offiziersaspiranten, und Unteroffiziersschüler wussten damals, was die Stunde geschlagen hatte. Wenn sie dennoch den Befehlen gehorchten, so deshalb, weil nicht nur der geleistete Eid, sondern die jahrelange Beeinflussung durch die nationalsozialistische Erziehung eine Befehlsverweigerung ausschloss. Von der Propaganda zum Glauben an den „Endsieg“ verpflichtet, trat diese Jugend ohne jede militärische Chance den Kampf gegen einen weit überlegenden Gegner an. Es hielt sich auch ein Gerücht in der Truppe und in der Bevölkerung, dass am 20. April zu Hitlers Geburtstag eine große Entscheidung fallen würde. Sie sprachen vom Einsatz von „Geheimwaffen“ oder einem Waffenstillstand. So gesehen ist keinem jener jungen Menschen nachträglich anzulasten, für seine Überzeugung eingetreten zu sein und in einem Krieg auf der falschen Seite gestanden zu haben. Sie glaubten, der eine mehr, der andere weniger, doch nur ihre Heimat verteidigen zu müssen. Erst später wurde den Überlebenden bewusst, dass sie von einem verantwortungslosen Regime missbraucht worden waren.

Von einer unblutigen „Feindberührung“ zwischen deutschen und amerikanischen Soldaten noch am 30. April wissen Chronisten. Eine US-Versorgungseinheit machte in der Nähe von Elbingerode Schießübungen. Plötzlich tauchten 15 deutsche Soldaten aus einem Waldstück mit erhobenen Händen auf. Sie hatten gedacht, die Schüsse würden ihnen gelten.

Von einer weiteren kennzeichnenden Begegnung wird berichtet, als im April am Drechslerkopf zwischen Hasselfelde und Ilfeld ein abgerissener deutscher Soldat aus dem Wald trat, nach dem Weg fragte und heißhungrig um ein Stück Brot bat. Er wollte sich noch bis zur Ostfront durchschlagen und gegen die Russen kämpfen.[10] Ein Soldat, der anscheinend noch immer nicht ganz „geheilt“ war. Der junge Soldat Günther O. aus Bremen sah das etwas kritischer und beurteilte die militärische Lage mit den Worten: „In Halberstadt waren uns Panzer zur Unterstützung versprochen worden, wir haben sie nirgends gesehen. Als Trost übergab man uns Fahrräder, wir radelten den Amerikanern entgegen. Für mich stand fest: bloß keine Orden, sondern heil in Gefangenschaft geraten und zwar in amerikanische oder englische, auf keinen Fall in sowjetische. In einem kleinen Ort erreichte unser schwach besetztes Bataillon der Befehl, zwei Höhenzüge unbedingt zu halten. Angesichts der amerikanischen Überlegenheit verglichen wir uns mit einer Schulmannschaft, die gegen Profis antreten soll. Das Ergebnis war dementsprechend. In unserer Division hat es mehrere Kommandeure gegeben, die der Lage entsprechend handelten und ihre Soldaten auf den Heimweg schickten.“[11]

Ein weiterer Teilnehmer, Johannes B. aus Essfeld, berichtete zur militärischen Ausrüstung: „Wir wurden in Thale ausgeladen. Als Gruppenführer einer Maschinengewehr-Gruppe (zwei MG 42 und sechs Mann Bedienung) hatte ich keine Landkarte. Für jedes Maschinengewehr hatten wir vier Gurte mit Munition und ca. 1.800 Schuss lose in Pappschachteln, die auf einem zweiachsigen Handkarren mitgezogen wurden und bei Regen aufweichten. Die Schützen zwei und drei und ich hatten ein Sturmgewehr 44 mit 120 Schuss Munition, von der bereits einiges bei der ersten

Deutsche Kriegsgefangene hinter Stacheldraht.

Feindberührung verschossen war. Damit konnte man wirklich nicht viel anfangen. Deshalb kam bei weiteren Feindberührungen der Befehl, sich abzusetzen."

Ein großes Problem für die Amerikaner war die große Anzahl von Kriegsgefangenen. Nach Abschluss der Kämpfe orderten die Amerikaner alle verfügbaren Transportfahrzeuge, um etwa 40.000 Kriegsgefangene, darunter auch zehn Generäle, zu evakuieren und in zentrale Kriegsgefangenenlager zu bringen.

Ein Sammellager für die deutschen Gefangenen aus dem Harz und dem Harzvorland war das amerikanische Kriegsgefangenenlager Helfta bei Eisleben. Es wurde am 13. April 1945 durch Einheiten der 1. US-Armee errichtet und umfasste eine Fläche von 80.000 qm. Die Belegung erfolgte unter freiem Himmel. Die Zahl der ständigen Lagerinsassen soll etwa 22.000 Gefangene betragen haben. Es gab laufend Neuzugänge und Abtransporte. Insgesamt sollen sich dort bis zu 90.000 Gefangene während der gesamten Lagerzeit befunden haben. Die unmenschlichen Bedingungen der Unterbringung und Ernährung führten auch zu einer hohen Sterblichkeit der Insassen. Es soll über 2.000 Tote gegeben haben.[12] Wie die Soldaten dort ihre Gefangenschaft erlebten, beschreibt ein Beteiligter: „Eisleben, die Lutherstadt, lag hinter uns. Ein Schild tauchte am Straßenrand auf: 'Helfta'. Plötzlich hielten die Lastwagen. Wir standen vor einem großen Feld, begrenzt von zwei riesigen Abraumhalden, umfasst von einer doppelten Stacheldrahtumzäunung. In Abständen von 200 Metern stand Vierlingsflak auf Selbstfahrlafette, eine dichte

Postenkette schloss die Lücken. Auf dem Felde jedoch wimmelte es wie in einem Ameisenhausen. Eine unübersehbare Menge von Gefangenen, genug, um zwei Divisionen daraus zu bilden, stampfte in ihrem engen Kral hin und her. Hier ist doch gar kein Platz mehr, war mein erster Gedanke. Doch es gab noch genug Platz für uns und für viele, die nach uns kamen.

'Let's go, let's go', schrie der Riese von der amerikanischen Military-Police ungeduldig und stieß allen, die nicht rasch vom Wagen sprangen, den Kolben in die Rippen. Noch einmal wurden wir durchsucht und jede Naht abgefühlt. Dann schoben die Posten die spanischen Reiter, die ein Tor ersetzten, beiseite, und wir marschierten in das Lager hinein."[13]

Das Lager wurde am 23. Mai 1945 mit der Restverlegung der Gefangenen in Richtung Naumburg, Bad Hersfeld und Bad Kreuznach aufgelöst.

Die Einsatzgebiete der Division

Am Sonntag, dem 8. April, fand im großen Saal in Döberitz die feierliche Namensgebung „auf Führerbefehl" statt. Teilnehmer berichteten, dass der Divisions-Kommandeur „über den ersten Einsatz" und ein Bataillons-Kommandeur zum Thema „Vor dem Sturmangriff" sprachen. Die Ansprachen sollen entsprechend pathetisch gewesen sein.

Noch am gleichen Tage war die Marschbereitschaft der Division um 24 Uhr befohlen worden. Nach einem Bericht der OKH vom 11. April befanden sich an diesem Tage das Kommando des Divisionsstabes und Teile der Division Potsdam bereits auf dem Weg in den Harz. Die Division Potsdam wurde nun dem AOK 11 unterstellt, dessen Hauptfront in der Verteidigung des Gebirges nach Westen gerichtet war. Gegen Osten hatten sie dem Korps den Rücken freizuhalten. Zu ihm gehörten eine SS-Panzerbrigade „Westfalen", Kampfgruppen der 9. und 116. Panzerdivision und der 277. Volks-Grenadierdivision sowie als Korpsreserve die niedersächsische HJ-Kampfgruppe Rokahr, von der auch Teile in der Front eingesetzt waren. Im Divisionsabschnitt stand auch das HJ-Volkssturmkontingent „Quedlinburg" zur Verfügung.[14]

Durch die sich überschlagenden Ereignisse musste sich auch Oberst Lorenz mit der Zerreißung seiner Verbände abfinden. Nach den heutigen Erkenntnissen wurden die einzelnen Truppenteile so in den Kampf geworfen, wie sie von den Transportzügen „ausgespuckt" wurden, wobei Teile den Harz-Raum gar nicht erreichten. Es war nicht der Kampf einer geschlossenen Division. Das alles machte die Recherchen so schwierig.

Auf dem Schienenweg erreichten nur das Regiment 1053 (Potsdam 1) mit beiden Bataillonen sowie das Füsilierbataillon den Harz. Vom Regiment 1054 (Pots-

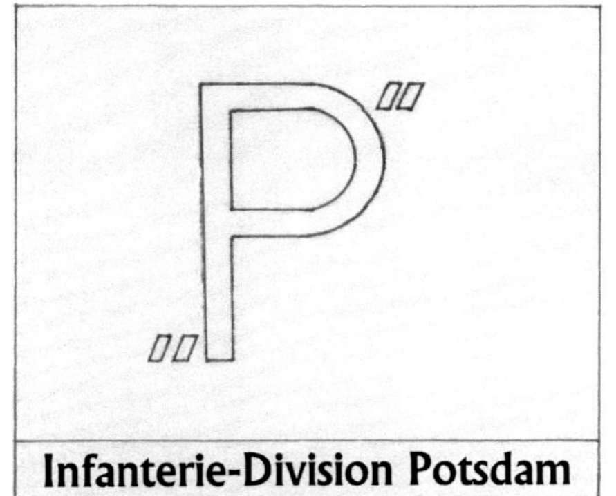

Infanterie-Division Potsdam

dam 2) nur das 1. Bataillon. Wegen bereits weit vorgedrungenen amerikanischen Panzerspitzen erreichte das 2. Bataillon von Potsdam 1054 keinen Anschluss mehr an die Division und wurde in dem Raum bei Köthen eingesetzt. Nur mit Teilen erreichten noch das Pionierbataillon und von Potsdam 3 (1064) Teile vom 2. Bataillon den Harz. Das 1. Bataillon bildete zur Sicherung der Elbbrücke vor Barby/ Elbe einen Sperrriegel.

Ursprünglich waren auch ein Ärmelstreifen mit der Bezeichnung „Division Potsdam" und ein Truppenkennzeichen vorgesehen. Beide Zeichen konnten jedoch als Truppenkennzeichen nicht bestätigt werden. Die Kennzeichnung „P" wurde nur auf Hinweis- und Markierungsschildern festgestellt. Die Ärmelstreifen waren noch nicht fertig und sollten nachgeliefert werden.[15]

Der Divisionsgefechtsstand befand sich vom 12. bis 17. April im romantischen Treseburg im Bodetal. Dort gab es in den Berg hineingetriebene Keller, die gute Unterkunft und Schutz gegen jede Sicht boten. Als sich die militärische Lage zuspitzte, wurde der Divisionsgefechtsstand nach Blankenburg verlagert und befand sich bis zu seine Auflösung in der Schlosskaserne.

Das 1. Bataillon von Potsdam 1 (1053) wurde am 9. April 1945 in Falkensee zur Verladung gebracht und traf am 10. April in den Nachmittagsstunden in Quedlinburg ein. Die Einsatz- und Kampforte waren Michaelstein, Helsungen, Timmenrode und Wienrode. Der Schwerpunkt der Kämpfe lag jedoch bei Hüttenrode.

Der 21-jährige Oberleutnant Helmut op de Hipt wurde in Braunlage am 12. April von Oberstleutnant Veith als Kampfkommandant der Stadt Elbingerode ernannt. Sie nannte sich später „Kampfgruppe Elbingerode". Er sollte die Stadt mit einem Bataillon verteidigen. Weitere Truppen sollten zugeführt werden. Im Ort befanden sich ein Reserve-Lazarett mit etwa 600 verwundeten Soldaten und ein Säuglingsheim mit ca. 100 Babys, die aus Nordhausen evakuiert worden waren. Amerikanische Panzer stießen am 16. April von Hasselfelde nach Rübeland vor. Der von Wehrmachtssoldaten und SS-Leuten geleistete Widerstand führte zum Beschuss durch Tiefflieger.

Am 17. April am Nachmittag gegen 16 Uhr begann der Artilleriebeschuss auf Elbingerode, der zwischenzeitlich auch von Jagdflugzeugen unterstützt wurde. Den ganzen Tag am 18. April erfolgte in unregelmäßigen Abständen Artilleriefeuer aus größerer Entfernung. Auch op te Hipts Gefechtsstand wurde getroffen. Es gab einen Toten und mehrere Verletzte. Der Oberleutnant verlegte seinen Gefechts-

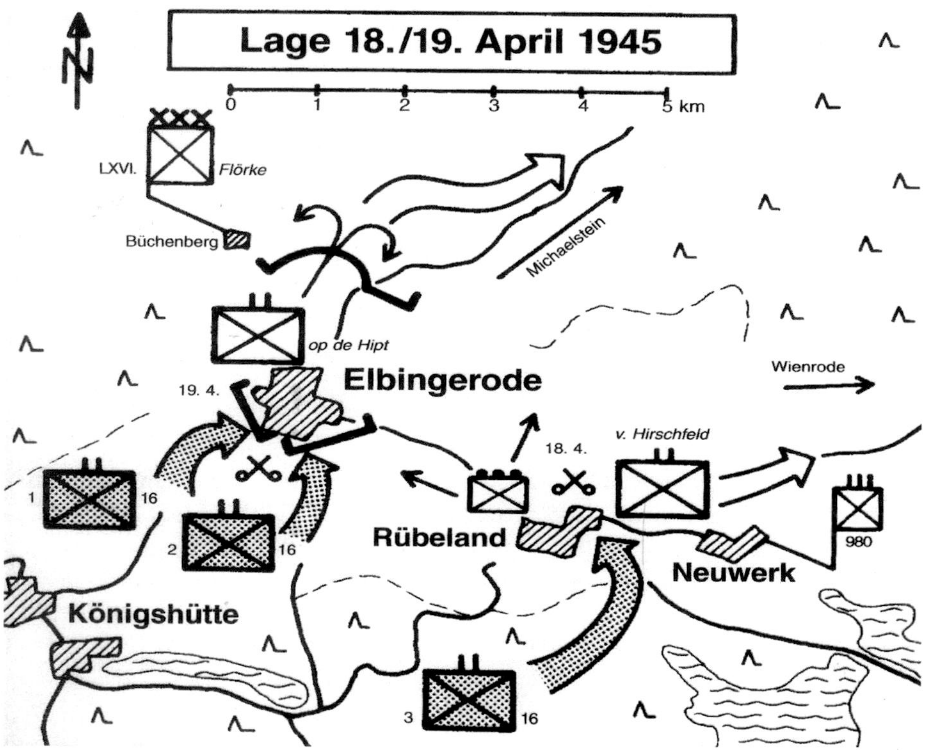

Kampfgebiet Rübeland, Königshütte und Elbingerode (Archiv Saft).

stand danach in einen Bunker am Schießstand von Elbingerode. Am 19. April gegen 5.30 Uhr wurde die Süd-Kompanie der „Kampfgruppe Elbingerode“ von den Amerikanern überrannt und geriet in Gefangenschaft. Die Kampfgruppe setzte sich deshalb aus der Stadt in Richtung Büchenberg ab und kämpfte noch bis zum Abend weiter. Nach Abzug der Kampfgruppe besetzte das 3. Bataillon des 16. US-Infanterie-Regiments, am frühen Morgen um 7.30 Uhr aus Richtung Königshütte kommend, die Stadt Elbingerode. Am 19. April befahl der Kommandeur den Resten seiner „Kampfgruppe Elbingerode“ den Rückzug über Waldwege in Richtung Michaelstein. Am gleichen Tag brachten die Amerikaner noch das gesamte Bodetal von Königshütte bis Thale unter ihre Kontrolle.

Der Regimentsgefechtsstand von Potsdam 1 befand sich ab 11. April auf dem Gut Michaelstein, danach ab 16. April in Hüttenrode. In Hüttenrode oberhalb von Blankenburg gelegen, gab es nach Angaben von Hüttenröder Ortschronisten deutsche Stellungen am Johannisholz und am Ortsausgang in der Altenbraker Straße.

Eine weitere deutsche Einheit lag am Astberg in der Nähe der großen Eiche. In Hüttenrode kam auch eine versprengte Einheit der Waffen-SS an. Ihr Tross lag südwestwärts im Wald, fast beim Friedhof.

In der Nacht zum 18. April hatten Kolonnen deutscher Wehrmachtsfahrzeuge Hüttenrode in Richtung Osten durchzogen. Am folgenden Tag, dem 19. April, überflogen amerikanische Tiefflieger das gesamte Gebiet. Zuerst hatte man alle deutsche Wehrmachtsfahrzeuge, die es nicht mehr geschafft hatten, weiter nach Osten voran zu kommen, fahruntüchtig und in Brand geschossen. Durch diesen Beschuss sind auch Pferde umgekommen und säumten den Weg. Bei diesem Angriff wurden auch 13 Wohnhäuser zerstört und zum Teil beschädigt. Ein Kriegsgefangenenlager geriet in Brand. Ein Munitionswagen explodierte. Artilleriebeschuss überzog das Dorf mehrmals. Danach setzte der Kampf um das Dorf ein. Amerikanische Panzer kamen von Rübeland und Elbingerode aus auf Hüttenrode zu. Durch Panzerbeschuss wurden weitere Gebäude beschädigt. Verwundete deutsche Soldaten wurden behandelt, um das Blut zu stillen. Es erfolgte ein deutscher Gegenangriff. Den SS-Leuten hatte man einen Thor-Hammer auf den Arm eintätowiert. Es sollte ein Symbol bewussten Heldentums aus der Wikingerzeit darstellen. Sie waren dadurch als Elitetruppen gekennzeichnet und hatten wenig Gnade zu erwarten.

Die Amerikaner kämpften sich durch den Ort. Auf den Höfen standen überall Sherman-Panzer und beschossen das umliegende Gebiet. Es gab auf beiden Seiten Verwundete und Tote. Am 19. April besetzte das 1. US-Bataillon des 16. Infanterie-Regiments den Ort. Der Kommandant hatte danach angeordnet, dass die gefallenen SS-Leute nicht begraben werden sollten. Es war auch nicht erlaubt, einen Mantel oder Decke über die Leichen zu legen. Die Bevölkerung setzte sich jedoch über das Verbot hinweg. Am nächsten Tag wurden alle gefallenen deutschen Soldaten auf dem Friedhof beigesetzt.

Tote deutsche Soldaten wurden auch aus der Umgebung zusammengetragen und ebenfalls auf dem Friedhof beigesetzt. Bei den Kampfhandlungen um Hüttenrode um den 18. und 19. April 1945 mussten 43 deutsche Soldaten ihr Leben lassen. Nach Auskunft der Deutschen Dienststelle Berlin (WAST) handelt es sich bei den Gefallenen „um Soldaten verschiedener Wehrmachtsteile und Waffengattungen. Es befinden sich darunter sowohl Angehörige des Heeres, der Luftwaffe, als auch von der Waffen-SS.

In einigen Fällen befinden sich Hinweise auf eine vorherige Stationierung auf dem Truppenübungsplatz in Döberitz sowie auf die Zugehörigkeit zum Grenadierregiment 1053."

Gepflegt wurden die Gräber von der Gemeinde. Oftmals legten Unbekannte Blumen nieder. Während der DDR-Zeit gab es keinerlei Ehrungen und Gedenken.

Soldatengräber auf dem Hüttenröder Friedhof.

Nach der Wende waren die Kirchengemeinde und die Schützengilde die Ersten, die der deutschen Soldaten öffentlich gedachten.

Günthersberge wurde ab dem 14. April von den Amerikanern besetzt. Am 18. April wurde nach Abzug der deutschen Verteidiger Friedrichsbrunn kampflos an die Amerikaner übergeben, Rübeland wurde ebenfalls am 18. April von der G-Kompanie des 18. Infanterie-Regiments eingenommen, und Heimburg ging am 20. April nach schweren Kämpfen verloren. Die Zeit war gekennzeichnet durch Stoßtrupp- und Spähtrupptätigkeiten auf beiden Seiten.

Am 21. April 1945 trafen die von Norden vorgehenden Truppen der 8. US-Panzerdivision bei Hüttenrode auf die 1. US-Infanterie-Division. Mit der Einnahme von Cattenstedt und der Eroberung von Michaelstein hatten die regulären Kämpfe in der Harzfestung aufgehört.

Größere Schwierigkeiten für die vorrückenden Panzer und Geschütze bereiteten den Angreifern die auf den Waldstraßen angelegten Blockaden von gefällten Bäumen, die besonders hinter Kurven kreuz und quer übereinander lagen. Das Errichten dieser Panzer-Sperren auf den Zufahrtsstraßen sollte das Vorrücken der Amerikaner beeinträchtigen. Deshalb setzten die Amerikaner jeweils vor Angriffsbeginn Patrouillen ein, um die Lage aufzuklären. Diese wurden zeitweise aus deutschen Stellungen beschossen, ehe amerikanische Panzer mit Schiebeschild die Blockaden beseitigten.

Einer der legendären Sherman-Panzer (Foto Neuer Harzbote. Nr. 16).

Das 2. Bataillon von Potsdam 1 (1053) war ebenfalls im Harz und ganz in der Nähe des 1. Bataillons eingesetzt. Hauptmann Alfred Voerster, Kommandeur dieses Bataillons, beschrieb die Lage: „An ein kurzes Zusammenwirken mit dem Kommandeur des 1. Bataillons, Hauptmann Fasseing, entsinne ich mich gut, es war ganz in unmittelbarer Nähe meines Bataillons eingesetzt. Das ist sicher; denn ich hatte dort auch mit ihm persönliche Verbindung. Das 2. Bataillon 1053 wurde nach Bahntransport und reibungsloser Fahrt in Thale ausgeladen und in etwa der Linie Elbingerode-Heimburg zur Verteidigung eingesetzt. Ein Ausbau von Stellungen war jedoch wegen der kurzen Zeit bis zur Feindberührung nicht mehr möglich. Die Bewaffnung des Bataillons bestand aus Granatwerfern 82, Maschinengewehre 42, Sturmgewehren, Panzerfäusten und Handgranaten. Geschütze des Artillerie-Regiments und der Panzer-Jagd-Abteilung gab es im Abschnitt des 2. Bataillons nicht.

Nach kurzen Feuergefechten gegen die angreifenden amerikanischen vorwiegend gepanzerten Einheiten wurde die Verteidigungslinie des Bataillons am 18. April von amerikanischen Panzern mit geringfügiger Infanteriebegleitung überrollt und die Überlebenden des Bataillons gefangen genommen. Über dabei erlittene Verluste und vorher Desertierte erhielt ich unmittelbar keine Meldungen mehr.

Im amerikanischen Durchgangslager bei Rübeland, wo wir nur wenige Tage verblieben, wurde ich speziell von einem amerikanischen, gut deutsch sprechenden Offizier vernommen, in der Annahme, ich sei der Kommandeur des Füsilier-

Hauptmann Alfred Voerster, Juni 1941.

Bataillons, von dessen Soldaten gefangen genommene Amerikaner angeblich erschossen worden seien. Unter anderem wurde mir die Frage gestellt – nachdem meine Identität mit dem Kommandeur des Füsilier-Bataillons ausgeschlossen werden konnte – 'Weshalb haben Sie weitergekämpft (man hatte mich mit einer frisch abgeschossenen Panzerfaustkartusche ergriffen), als Ihnen schon klar gewesen sein musste, dass für Sie alles verloren war?' Offenbar von innerer Wut beseelt aufgrund der sinnlosen amerikanischen Luftangriffe auf Dresden und Potsdam, gab ich zur Antwort: 'Was hätten Sie denn an meiner Stelle gemacht?' Worauf er antwortete: 'Sie hätten lieber fallen sollen. Für solche Leute, wie Sie ist kein Platz mehr auf dieser Erde!'

Kurzfristig wurden wir dann per Sattelschlepper ins Durchgangslager Sinzig am Rhein, ein Zweiglager von dem auch berüchtigten Todeslager Remagen und kurz darauf ins Endlager Atticky bei Soissons im Nordosten Frankreichs verlegt.

An die Namen von Kompaniechefs in meinem Bataillon erinnere ich mich noch und zwar an die Oberleutnante Dallach, Odrobina, Boehe und Collani."[16]

Das 1. Bataillon von Potsdam 2 (1054) wurde am 10. April in den frühen Morgenstunden in Dallgow-Döberitz in Etappen auf den Weg gebracht und am 11. April in Thale auf dem Güterbahnhof ausgeladen. Ein Teil des Bataillons kam per Bahntransport bis Güsten und gelangte von dort mit Fahrrädern geschoben im Fußmarsch bis Wienrode, Wendefurth und Almsfeld.

Eine weitere Kompanie kam mit der Eisenbahn am 12. April morgens bis Nienburg/Saale. Sie wurde hier ausgeladen. Im Ort war bereits Panzeralarm, und die Straße nach Staßfurt war bereits gesichert worden. Ein Zug dieser Kompanie soll in Nienburg zur Verstärkung des Ortes zurückgeblieben sein. Der andere Teil der Einheit ging weiter im Fußmarsch über Bernburg, Aschersleben, Ballenstedt, Bad Suderode, Allrode, Treseburg Hasselfelde, Altenbrak, Wendefurth bis Wienrode. Es gilt als gesichert, dass bis auf einen in Nienburg/Saale zurückgelassenen Zug das 1. Bataillon vollständig in den Harz gelangte.

Die Hüttenröder Chronisten berichten über das Kriegsende im Harz: Der Regimentsgefechtsstand von Oberst Grassau befand sich im Architektenbüro des im Bau befindlichen Rappbode-Staudammes, später in Wienrode. Am 15. April erfuhr Oberst Lorenz vom Vorstoß der 9. US-Infanteriedivision auf Stiege und Harzgerode. Um diese Bedrohung von rückwärts auszuschließen, befahl er Oberst Grassau, die Waldeingänge bei Hasselfelde und Allrode zu verteidigen. Er setzte drei Kompanien nördlich von Hasselfelde ein, die vierte Kompanie befahl er nach Allrode. Die Artillerie-Batterie ging bei Altenbrak in Stellung.

Am 16. April um 6.30 Uhr ging das 60. US-Infanterie-Regiment auf Hasselfelde vor. Einige Geschütze der Potsdamer, die nördlich in den Wäldern lagen, feuerten auf die Positionen der Amerikaner. Am Mittag erfolgte die Besetzung der Stadt Hasselfelde ohne weitere Kampfhandlungen. Durch die Amerikaner erfolgte nun ein Stoßtruppunternehmen in Richtung Hohen Berg. Sie stießen dabei auf starkes MG-Feuer von den Potsdam-Kompanien, was die Aufgabe scheitern ließ. Die Amerikaner zogen sich mit acht verwundeten Männern nach Hasselfelde zurück. Artillerie und Werfer nahmen die deutschen Stellungen den ganzen Tag unter Beschuss.

Die Amerikaner errichteten in der Nacht in Hasselfelde Verteidigungsstellungen. In den frühen Morgenstunden wurden diese Stellungen von einem Stoßtrupp der Potsdamer angegriffen, von dem Teile immer noch ihre Stellungen auf dem Hohen Berg hielten. Überraschend tauchten sie im Rücken der Amerikaner auf und eröffneten, unterstützt durch die Hauptkräfte am Hohen Berg, das Feuer. Dann zogen sie sich unter Ausnutzung des entstandenen Durcheinanders wieder zurück. Zurück blieb eine unbekannte Anzahl verwundeter und gefallender amerikanischer Soldaten.[17]

Am 18. April versuchten die Amerikaner in den späten Abendstunden erneut, den Hohen Berg zu besetzen. Beim Erreichen des Abhanges wurden sie erneut durch MG-Feuer an den Boden gedrückt und mussten sich im heftigen deutschen Abwehrfeuer nach Hasselfelde zurückziehen. Panzer wurden angefordert und noch weitere Artillerie eingesetzt. Mit der Einnahme wurde erneut begonnen. Die motorisierte Einheit fuhr auf einer Straße um den Hohen Berg herum und griff von hinten her an. Im Zusammenwirken mit der Kompanie von der Frontseite aus war der Angriff erfolgreich. Der Hohe Berg konnte um 14.30 Uhr besetzt werden. Die Potsdamer-Kompanien hatten ihre von den Amerikanern aufgeklärten Stellungen am Hohen Berg aber rechtzeitig verlassen können und sich in den Wald an der R 81 (heute B 81) zurückgezogen und verteidigten sich den weiteren Tag erfolgreich. Nach amerikanischen Angaben sollen bei den Kämpfen 15 deutsche Soldaten gefallen sein.

Die vierte Kompanie hatte sich auf dem Krugberg bei Allrode zur Verteidigung eingerichtet. Ein Spähtrupp mit einem Unteroffizier und sieben Männern, der am 15. April zur Aufklärung der Feindspitzen eingesetzt wurde, geriet vor Güntersberge in einen amerikanischen Hinterhalt. Der Unteroffizier fiel mit Kopfschuss, alle anderen erlitten leichte bis schwere Verletzungen. Sie wurden von den Amerikanern als Kriegsgefangene in ein Lager-Lazarett nach Sangerhausen gebracht. Am 17. April griffen die Amerikaner Allrode nach Artillerievorbereitung aus Güntersberge an. Der Angriff konnte jedoch durch das deutsche Abwehrfeuer vom Krugberg gestoppt werden, so dass sich die Amerikaner zurückziehen mussten. Sie beschossen danach Allrode und den Krugberg mit Artillerie. Wegen wiederholter Angriffe und Beschusses im Laufe des Tages wich die Kompanie der „Potsdamer" gegen Abend in Richtung Treseburg aus. Im Abschnitt des LXVII. Armeekorps standen die Teile der Division Potsdam 2 auf der Linie Wendefurth-Altenbrak-Treseburg im Kampf gegen die aus Süden angreifenden amerikanischen Truppen.

Einzelgrab mit Namen an der Straße Allrode – Treseburg (Fotografie Stefan Nowack).

Die Einwohner von Allrode, die in den Wald geflüchtet waren, kehrten am 18. April wieder zurück. Sie fanden zwei tote Einwohner, die den Ort nicht verlassen hatten, 18 Gebäude waren zerstört, über 90 Stück Vieh verendet. In der näheren Umgebung wurden etwa 20 gefallene deutsche Soldaten gefunden, die auf dem örtlichen Friedhof ihre letzte Ruhe fanden. In Allrode rückte ein Bataillon des 18. US-Infanterie-Regiments aus Hasselfelde ein. Am 18. April zog das US-Bataillon, das um Allrode gekämpft hatte, mit anderen Verbänden der 9. US-Infanterie-Division nach Gernrode ab.

Am Abend wurde Oberst Grassau gemeldet, dass Rübeland von US-Einheiten besetzt worden war. Um eine Einschließung zu verhindern, nahm er die Kompanien nach Altenbrak zurück. Bei den Kämpfen an der R 81 sind etwa 35 deutsche Soldaten gefallen, die in Hasselfelde beigesetzt wurden.

Am Vormittag des 19. April war der Weg nach Blankenburg und Altenbrak für die Amerikaner frei. Das 18. US-Infanterie-Regiment und Panzer des 4. Aufklärungs-Bataillons sicherten mit einem Teil die Kreuzung, die Masse fuhr in Richtung Altenbrak. Bei dem Gefecht um Altenbrak sind 39 deutsche Soldaten gefallen, die auf dem Friedhof beigesetzt wurden.

Am Nachmittag des 19. April rief Oberst Lorenz von Blankenburg aus auf dem Gefechtsstand des Oberst Grassau in Wienrode, Pension Waldesruh, an und befahl die sofortige Auflösung der Resteinheiten der Division Potsdam."[18]

Der Regimentsgefechtsstand in der Pension Waldesruh (Fotografie 2009.)

Der Regimentsbefehl von Oberst Grassau lautete in etwa so: Wer sich nach Hause durchschlagen will, soll es tun. Alle anderen warten ohne Waffen auf die Amerikaner. Die jungen Soldaten erhielten ihre Entlassung aus der Wehrmacht. Nur die wenigsten gelangten nach Hause, die Masse ging in amerikanische Kriegsgefangenschaft.

Oberst Grassau war am Abend des 19. April in Wienrode, nachdem alle Unterlagen vernichtet und militärisches Gerät unbrauchbar gemacht worden war, mit seinen Männern in die Försterei am Südwestrand des Ortes gezogen. Am nächsten Morgen, dem 20. April um 9 Uhr, wollten sie in Gefangenschaft gehen. Grassau und seine Männer zerlegten ihre Handfeuerwaffen und warfen sie in den Wald. Ohne Waffe, aber mit Koppel und Helm gingen sie über das offene Feld zur R 81. Kurz darauf wurde Wienrode vom verstärkten 18. US-Infanterie-Regiment besetzt. Auf dem Weg in die Gefangenschaft wurden der Oberst und seine Leute von

Oberst Fritz Grassau

Soldaten gehen in Wienrode beim 16. US-Infanterie-Regiment in Kriegsgefangenschaft.

feindlichen Kugeln tödlich getroffen. Sie wurden mit weiteren 16 in der Nähe von Wienrode gefallenen deutschen Soldaten auf dem örtlichen Friedhof beigesetzt. Am 4. Mai 1996 konnten auf Initiative des Kameradenkreises der 68. Infanterie-Division (Kameraden der früheren Division von Grassau) auf dem Friedhof in Wienrode die Holzkreuze durch einen Findling mit Gedenktafel ersetzt werden.

Oberst Erich Lorenz hatte sich nach Auflösung seiner Division mit einem Teil des Stabes von Blankenburg nach Bad Harzburg absetzen können, geriet hier am 26. April 1945 in amerikanische Gefangenschaft, aus der er am 16. April 1947 entlassen wurde.

Lorenz hat nach seiner Entlassung keinen Kontakt mehr mit Angehörigen der „Potsdamer" gehabt und auch keine Berichte über seine Tätigkeit und Erlebnisse als Divisionskommandeur im Harz niedergeschrieben. Viele höhere Offiziere schienen damals beschämt und am Boden zerstört, so ihre militärische Laufbahn beenden zu müssen, war doch die Auflösung und Gefangenschaft mit dem Ende einer langjährigen militärischen Laufbahn verbunden. Von allem enttäuscht zog sich Lorenz in eine Tätigkeit in der Wirtschaft zurück. Bei der Bildung und dem Wiederaufbau der Bundeswehr sollte Lorenz mitwirken. Er lehnte jedoch ab.[19]

Erich Lorenz blieb später seinem ehemaligen Regiment 287 von der 96. Infanterie-Division verbunden. Er war ab Ende 1952 Mitglied im Kameradenhilfswerk 96 e.V. in Hannover und dessen Vorsitzender von 1966 bis Oktober 1974. Am

10. Dezember 1984 starb Erich Lorenz mit 79 Jahren in seiner Heimatstadt Bochum.[20]

Über die Infanterie Potsdam liegt ein Bericht von Oberst Günter Reichhelm als Chef des Generalstabes der 12. Armee vor, den er nach dem Kriege aus der Erinnerung heraus im Auftrage der Alliierten verfasste. Es heißt dort: „Die Infanterie-Division 'Potsdam' wurde während der Aufstellung in die Kämpfe der 11. Armee im Harz verwickelt und war außer einem schwachen Regiment, das anstelle des bei der Infanterie-Division 'Scharnhorst' fehlenden Füsilier-Bataillons in diese Division eingegliedert und für die 12. Armee nicht verfügbar.“[21] Dieses genannte schwache Regiment waren das 2. Bataillon vom Regiment Potsdam 2 (1054) sowie eine Kompanie vom 2. Bataillon vom Regiment Potsdam 3 (1064).

Das 2. Bataillon von Potsdam 2 (1054) war auf dem Bahntransport von Döberitz in den Harz bereits in Calbe/Saale (West) wegen vorgedrungener amerikanischer Panzerspitzen ausgeladen worden. Vor Brumby kam es zum ersten Gefecht mit Aufklärungskräften des 331. US-Infanterie-Regiments, das abgewiesen werden konnte. Anschließend ging es im Fußmarsch nach Crüchern, Frenz und Großpaschleben bei Köthen. Der Raum Köthen-Dessau-Bitterfeld war vorgesehen, von hier aus mit den zuerst verfügbaren Einheiten der Divisionen „Scharnhorst“ und „Ulrich von Hutten“ einen Vorstoß nach Westen in den Harz zu ermöglichen. Dazu waren Einheiten von „Ulrich von Hutten“ und „Scharnhorst“ bereits bis nach Peißen sowie Baalberge am 15. April vorgerückt. Das Füsilier-Bataillon der Division Scharnhorst erhielt nach beendeter Aufstellung den Auftrag, den Saaleabschnitt Alsleben/Bernburg zu sichern und Verbindung mit der Infanteriedivision Potsdam im Harz aufzunehmen. Es ist zu vermuten, dass die Füsiliere einen Korridor als Verbindung nicht nur zu den Verbänden der Division Potsdam, sondern auch zum AOK 11 offen zu halten hatten, durch den nach erfolgter Aufstellung auch andere Kräfte der 12. Armee in Richtung Harz vorstoßen sollten. Aus diesem Grund wurde am 10. April der Meldetrupp des Bataillons in Stärke von sechs Mann in Richtung Harz in Marsch gesetzt. Sein Auftrag lautete: Verbindungsaufnahme zur Infanteriedivision „Potsdam“. Die Soldaten wurden am 15. April in Elbingerode von den Amerikanern gefangen genommen, bevor sie den befohlenen Kontakt hergestellt hatten. Zwischenzeitlich gelang es den Amerikanern, mit Panzern bis Köthen und Peißen in den Rücken des Bataillons vorzustoßen und den Tross in heftige und verlustreiche Kämpfe zu verwickeln. Die Verbindung zur Division wurde dadurch unterbrochen. Die Füsiliere von „Scharnhorst“ unter ihrem Kommandeur Hauptmann Alfred Deckert wurden dabei von ihrer Division abgeschnitten. Da der ursprüngliche Auftrag aufgrund der Lageentwicklung nicht mehr ausgeführt werden konnte, Anschluss an die Division zu finden, marschierten die Füsiliere in Richtung Alsleben, Bernburg, Ballenstedt und trafen in Thale als einzige der Division Scharnhorst auf Verbände der Infanteriedivision „Potsdam“.

Nachdem die militärische Lage aussichtslos geworden war, löste Deckert sein Bataillon in Kleinkampftruppen von höchstens 15 Mann mit dem Ziel auf, sich nach Osten zur Division „Scharnhorst“ durchzuschlagen oder sich je nach Lage auf dem Weg nach Hause zu machen. Hauptmann Deckert führte in seinen Aufzeichnungen an: „Viele versuchten, in Zivil als ‘Landarbeiter’ durch die amerikanischen Linien zu kommen. Inzwischen tauchten amerikanische ‘Lumpensammler’ auf, LKW, die alle Zivilisten aufluden, denn die plötzliche Landarbeiterbewegung war ihnen doch aufgefallen.“ Auch Hauptmann Deckert selbst kam beim Versuch, den Anschluss an die Division Scharnhorst zu finden, in amerikanische Gefangenschaft.[22]

Bereits am 13. April waren Amerikaner bis dicht vor Alsleben herangekommen, sind aber nach Erkundung der Lage am 14. April früh nach Süden in Richtung Halle abgezogen. Die nachfolgende Einheit erreichte Alsleben am 16. April. Nach mehrstündigem Artilleriebeschuss wurde die Stadt übergeben. Die Stadt Bernburg ist ebenfalls am 16. April 1945 von den Amerikanern in Besitz genommen worden. Das hier anwesende deutsche Militär unter Führung von Oberst Holunder verließ kurz vorher die Stadt in Richtung Köthen. In Berrnburg als Lazarettstadt kamen 1.848 Verwundete und 712 Ärzte und Sanitäter in Gefangenschaft. Wegen der Sprengung der drei Brücken am 12. April gegen 20 und 21 Uhr war die historische Einheit der Stadt in Berg- und Tal-Stadt getrennt worden. Auf beiden Saaleufern operierten zwei verschiedene amerikanische Einheiten, in der Bergstadt die Task Force Hogan, die zur 3. US-Panzerdivision gehörte und in der Tal-Stadt das 331. Regiment der 83. US-Infanterie-Division.

Die Episode zur Tal-Stadt soll noch vermerkt werden, dass dort eine einzige Panzersperre noch immer fest geschlossen und von ihren Volkssturmmännern bewacht worden war, als die Bergstadt schon längst von den Amerikanern besetzt war. Sie lag an der Straße von Waldau zum Weinberg, Richtung Nienburg, an der Eisenbahn und war in der Aufregung von allen völlig vergessen worden. Die postierten Leute waren mit Panzerfäusten bewaffnet. Die dort auf verlorenem Posten stehenden Männer können noch von Glück reden, dass kein amerikanischer Panzer oder Spähwagen aufgetaucht ist. Fast unglaublich wirkte noch die Feststellung, dass die den Verteidigern ausgehändigten Panzerfäuste nicht scharf gemacht worden waren.[23]

In Frenz und Großpaschleben war es zu überraschenden Gefechten zwischen dem 2. Bataillon von Potsdam 2 und Teilen vom 2. Bataillon von Potsdam 3 mit der Task Forc Richardson (3. US-Panzer-Division) gekommen. Die deutschen Einheiten wurden dabei zerschlagen, nachdem 14 amerikanische Panzer das Dorf Großpaschleben beschossen hatten. Viele der im Kampf beteiligten deutschen Soldaten ergriffen die Flucht nach Elsdorf. Einige aus der 7. Kompanie kamen in Großpaschleben in Gefangenschaft. Der Bataillonsgefechtstand wechselte am 16. April nach Maxdorf. Angehörige des Bataillons, denen die Flucht über die Elbe bei Aken gelungen war, wurden in das zweite Regiment der Division „Scharnhorst" eingegliedert.[24] Ohne Quellenangabe wird auch von einer teilweisen Eingliederung in die Division „Ulrich von Hutten" berichtet, was aber bisher nicht belegt werden konnte.

Regimentskommandeur von Potsdam 3, Major Hans-Gunnar Schwieger.

Das 1. Bataillon von Potsdam 3 (1064) erhielt am 10. April in den frühen Morgenstunden in Döberitz den Befehl zum Bahntransport nach Halberstadt. Der Zug wurde jedoch am 11. April am Nachmittag in Barby/Elbe angehalten, und das Bataillon erhielt den Befehl, auf dem Westufer der Elbe einschließlich Barby und etwa drei Kilometer nördlich und südlich davon einen Brückenkopf zu halten sowie die Eisenbahnbrücke für nachfolgende Einheiten zu sichern. Das Bataillon hatte vier Kompanien. Drei davon waren Schützenkompanien mit je 60 Sturmgewehren und etwa 20 Panzerfäusten. Die 4. Kompanie, die schwere Kompanie, mit schweren Maschinengewehren, zwei 10,5 cm Haubitzen und acht 80 mm Granatwerfern.[25]

Die Eisenbahnbrücke über die Elbe war inzwischen durch Pioniere der Wehrmacht zur Sprengung vorbereitet worden. Die Barbyer Elbbrücke, eine doppelgleisige Eisenbahn- und Fußgängerbrücke, wie auch die Fährstelle stellten strategisch wichtige Flussübergänge dar. Gelang es den Amerikanern hier Fuß zu fassen, konnte ihr weiteres Vordringen bis nach Berlin kaum noch aufgehalten werden.

Als am Mittwoch, dem 11. April, um 16.55 Uhr die Sirenen durch einen lang anhaltenden Heulton Feindalarm auslösten, befanden sich die Spitzen des 329. US-Regiments bereits in Halberstadt, etwa 50 Kilometer von Barby entfernt. Der deutsche Truppenverband wurde am Güterbahnhof ausgeladen und sammelte sich auf dem Bahnhofsvorplatz. In einem Gebäude am Bahnhofsvorplatz zog eine Nachrichtenabteilung mit Funkstelle ein. Im Herrenhaus des Gutshofes richtete die deutsche Einheit ihren Bataillonsgefechtstand ein.

Der Kommandeur des Bataillons war Hauptmann Hans-Joachim Henne. Er war ein erfahrener Frontoffizier, hatte am Frankreichfeldzug teilgenommen, war Kompanieführer an der Ostfront gewesen. Nach bereits drei erhaltenen militärischen Auszeichnungen, wurde ihm am 24. März 1942 das Deutsche Kreuz in Gold verliehen.

Bataillonskommandeur Hauptmann Hans-Joachim Henne im Februar 1944, 29 Jahre alt.

Die deutsche Militäreinheit hatte seit ihrem Eintreffen die Zeit intensiv genutzt, um eine Verteidigungslinie vom Süden über Westen bis zum Norden vor der Stadt aufzubauen. Die einzelnen Kompanien waren rechtzeitig in Stellung gegangen, so dass sie auf den Angriff der Amerikaner verhältnismäßig gut vorbereitet waren. Hinter der Stadt hatte die Batterie ihre Infanteriegeschütze in Stellung gebracht und der Granatwerferzug hatte am westlichen Stadtteil im Obstgarten des Gutes Stellung bezogen. Der gesamte Bahnhofsbereich mit den angrenzenden Straßen musste von der Bevölkerung wegen der zu erwartenden Kampfhandlungen geräumt werden. Das Gebiet wurde zur Kampfzone erklärt. Aus dieser Verteidigungslinie erwarteten die jungen Soldaten in ihren Schützenlöchern den Angriff der Amerikaner.

Das 2. Bataillon von Potsdam 3 (1064) wurde von Staaken kompanieweise in den Harz verlegt. Die amerikanische 113. Cavalry Groop berichtet, das 2. Bataillon von 1064 im Harzgebiet angetroffen zu haben. Ein ehemaliger Teilnehmer dieses 2. Bataillons, Andreas Ursinus, gab an, auf dem Bahntransport in Güsten ausgeladen worden zu sein. Tag und Uhrzeit waren nicht mehr bekannt. Von hier aus ging es per LKW-Transport in den Harz bis zur Viktorshöhe bei Thale. Nach seiner Meinung war aber nicht das gesamte Bataillon dort. Auf der Viktorshöhe war eine Funkstation des Bataillons. Der Bataillonsstab lag am Rammberg. Es kam zu Kampfhandlungen mit Amerikanern bei Friedrichsbrunn und Thale. Am 19. April kam Ursinus in Gefangenschaft.

Einen weiteren Hinweis gibt es über eine Kompanie vom 2. Bataillon Potsdam 3 (1064) die in Großpaschleben bei Köthen gemeinsam mit dem 2. Bataillon von Potsdam 2 (1054) gegen US-Einheiten der 3. Panzer-Division im Kampf gestanden haben.

Teile des Pionier-Bataillons waren sowohl im Harz als auch in der Umgebung von Köthen festgestellt worden. In einem Erlebnisbericht erwähnt der Funker Siegfried Wenzke vom Regiments-Nachrichtenzug 1054 einen Pionierzug im Harz, der in Richtung Hasselfelde eingesetzt wurde, um den Gegner aufzuhalten. Später kamen versprengte Reste des Pionierzuges von dort zurück.

Der Kommandeur der Pioniere, Wilhelm Niggemeyer, erklärte in einem Gespräch: „Als ich im April 1945 das Pionierbataillon Potsdam übernommen hatte,

Wilhelm Niggemeyer, Oberleutnant und Eichenlaubträger zum Ritterkreuz und vier Panzervernichtungsstreifen auf dem rechten Ärmel, Kommandeur der Pioniere.

war der Auftrag der Division Potsdam schon durch die Ereignisse überholt. Im Harz angekommen, trafen wir schon die Amerikaner an und wurden bald eingeschlossen. Angesichts der verzweifelten Lage schrieb ich für die mir anvertrauten Soldaten Marschbefehle zu ihren Heimatorten aus. Es war mir klar, dass dies eine gefährliche Aktion war. Auf diese Weise habe ich aber versucht, weitere unnötige und sinnlose Opfer zu vermeiden.“ Es kann sich nur um eine Kompanie gehandelt haben, die den Harz erreichte, denn andere Teile des Pionierbataillons wurden in der Umgebung von Köthen festgestellt.

In amerikanischen Dokumenten der 3. US-Panzer-Division wird berichtet, dass sie Kontakt mit Einheiten der Division Potsdam hatten und am 16. April Gefangene vom Pionierbataillon in der Umgebung von Köthen gemacht hatten, die dort als Infanterie eingesetzt worden waren. Die Amerikaner vermuteten, dass nur die 1. Kompanie eingesetzt war.[26]

Einen Tag später machten die Amerikaner in Porst weitere Gefangene des Pionierbataillons, die ebenfalls als Infanterie eingesetzt waren. Die Pionierkompanie hatte die Aufgabe, den Rückzug anderer Einheiten nach Dessau zu decken.[27]

Aus den Erlebnisberichten und Erinnerungen von Angehörigen der Division „Potsdam“

In der Folge werden Zeitzeugen- und Erlebnisberichte von Angehörigen der Division nach Regimentern und Bataillonen vorgestellt. Dabei geht es hauptsächlich um die Aufstellung und Kampfhandlungen in den Einsatzgebieten bis zur Gefangenschaft. Die Quellen sind Zeitgeschichte, die bewahrt werden müssen, weil viele der Berichterstatter bereits verstorben sind. Die Überschriften und Texte aus den Berichten wurden von den Verfassern direkt übernommen.

Friedrich Palm

Potsdam 1/ Regiment 1053. 1. Bataillon

Der Gefreite Friedrich Palm war Angehöriger des Füsilier-Ersatz-Bataillons 68 in Brandenburg/Havel und von dort zum ROB-Lehrgang nach Wandern bei Zielenzig abkommandiert worden. Am 2. April 1945 wurde der

Soldbuch
zugleich Personalausweis
Nr. 9658
für
den Füsilier
(Dienstgrad)

ab 15.12.44 (Datum) R.O.B. (neuer Dienstgrad)
ab 1.12.44 Oberfüsilier
ab 1.4.1945 Gefreiter (ROB)

Friedrich Palm
(Vor- und Zuname)

Beschriftung und Nummer der Erkennungsmarke St.Kp.Füs.E.Btl.68 1274
Blutgruppe A
Gasmaskengröße 2
Wehrnummer Potsdam II 22/96/4/3

A. Zuletzt zuständige Wehrersatzdienststelle: W.M.A. Potsdam II

B. Zum Feldheer abgesandt von:¹)

	Ersatztruppenteil	Kompanie	Nr. der Truppenstammrolle
a	St.Kp./Füs.Ers.Btl.68		9658
b	Brandenburg (Havel)		
c			

C.

	Feldtruppenteil²)	Kompanie	Nr. der Kriegsstammrolle
a	~~Gren. Rgt. 1053 ...~~		
b	Gren. Regt. Potsdam 1	Stab.-Kp.	
c			

D.

Jetzt zuständiger Ersatztruppenteil²)	Standort
~~Füs. Ers. Btl. 68 Brandenburg (Havel)~~	
Gren. E. u. A. Btl. 309	Bln.-Spandau

(Meldung dortselbst nach Rückkehr vom Feldheer oder Lazarett, zuständig für Ersatz an Bekleidung und Ausrüstung)

¹) Vom Ersatztruppenteil einzutragen, von dem der Soldbuchinhaber zum Feldheer abgesandt wird.
²) Vom Feldtruppenteil einzutragen und bei Versetzungen von einem zum anderen Feldtruppenteil derart abzuändern, daß die alten Angaben nur durchstrichen werden, also leserlich bleiben.

Weiterer Raum für Eintragungen auf Seite 17.

4

Zwei Seiten seines Wehrpasses

Lehrgang aufgelöst, und er kam nach Döberitz/Löwentorkaserne in Elstal zur Neuaufstellung zum Grenadier-Regiment 1053, später Potsdam 1 und wurde der Stabskompanie zugeteilt, gehörte dort dem 2. Zug (Fahrradzug, Regiments-Gegenstoßreserve) an. Palm hatte Tagebuch-Aufzeichnungen über seinen Einsatz in der Festung Harz geführt, die nachstehend wiedergegeben werden. Die Einheit verließ Döberitz am 9. April, wurde in Falkensee verladen und traf am 10. April in Quedlinburg ein.

Einsatz im Harz und Kriegsende

Dienstag, den 10. April:

Endlich einmal gut geschlafen auf Stroh im Pferdewagen, es war herrlich warm. Als wir morgens die Waggontür aufmachten, um frische Luft zu schnappen, sehen wir im Osten die Sonne aufgehen. Der Zug fuhr genau in entgegengesetzter Richtung. Hurra! Wir fahren Richtung Westen! Bei Barby fuhren wir über die Elbe. Nachmittag in Quedlinburg angekommen. Kaum stand der Zug im Bahnhofsgelände, waren schon die amerikanischen Jabos da. Mussten volle Deckung nehmen im nahen Stadtwald. Nach Jabo-Angriff durch die Stadt herausgezogen in ein Waldstück. Hier merkte man schon die Luftüberlegenheit der Amerikaner, als sie einen in der Nähe gelegenen Feldflugplatz angriffen. Man sah direkt die Bomben fliegen. Abends weiter vorgerückt über Westerhausen-Börnecke-Heimburg. Hier trafen wir auch die 5. und 8. Kompanie mit Hauptmann Voerster (unseres 2. Bataillons). Wir sind dann weiter zur Kloster-Domäne Michaelstein. In diesem Bereich trafen wir eine große Kolonne von KZ-Häftlingen. Diese mussten von der Straße herunter, um den Weg freizumachen für die verschiedenen Einheiten vom Regiment Potsdam.

Mittwoch, den 11. April:

Nachts um 4.00 Uhr endlich auf dem Gut Michaelstein. Wir sind mittendrin im Harz. Bis zum Vormittag geschlafen auf einem Schafstallboden auf Erbsenstroh. Um 11.00 Uhr raus, dann Waffenreinigen und auf dem Gutsgelände umgesehen. Der Regimentsgefechtsstand ist im Gutshaus untergebracht. Am Nachmittag weiter geschlafen und ausgeruht. Um 19.30 Uhr sind wir alarmiert worden, es sollen zwei Spähtrupps los in Richtung Wernigerode und feststellen, wie weit der Ami vorgedrungen ist. War mit Schellig auf Spähtrupp, wurden vor Benzingerode von zwei amerikanischen Panzerspähwagen beschossen und nahmen im Straßengraben volle Deckung. Ein Panzerspähwagen wurde mit der Panzerfaust erledigt. Alle Melder zurück zum Regimentsgefechtsstand, waren ganz schön ausgepumpt.

Donnerstag, den 12. April:

Ziemlich lange geschlafen, es hat nach langer Zeit mal wieder gut getan. Haben am Vormittag Waffen gereinigt und MG 42 empfangen. Bin MG-Schütze 1 und

Rudi Stüdemann MG-Schütze 2. Habe noch eine Pistole P 38 empfangen. Wir sind Feuergruppe geworden. Der Ami griff seit den frühen Morgenstunden an und nahm Heimburg, wo wir noch gestern Abend drin waren. Schoß gewaltig mit seinen Panzerkanonen auf die Stellungen des 2. Bataillons. Erste Ausfälle, Günter Lengert von der 7. Kompanie schwer verwundet. Um 13.30 Uhr los als Spähtrupp durch den Wald in Richtung Benzingerode und Ziegelei Wernigerode. Um 19.00 Uhr erst wieder zurück. Haben gute Ergebnisse mitgebracht. Keine Feindberührung gehabt. Waren bis auf 300 Meter an eine Feindbatterie heran.

Freitag, den 13. April:

Nachts um 2.00 Uhr wieder raus, denselben Spähtrupp nochmals gelaufen mit dem Oberfeldwebel zusammen. Sollten feststellen, ob die Batterie der Amis noch vorhanden ist. Sie war nicht mehr da, Stellungswechsel. Am frühen Vormittag zurück. Die ganze Umgebung um Michaelstein wurde mit schwerer Artillerie abgestreut. Wir mussten raus in die Schützenlöcher, die wir uns im Klostergarten gegraben hatten. Der Ami griff nach starker Feuervorbereitung die Stellungen des 2. Bataillons auf den Höhen bei Heimburg an. Die Angriffe wurden abgewiesen. Schwerpunkt war die 7. Kompanie. Erste Feuertaufe, mehrere Einschläge in der Nähe unserer Löcher. Abends wieder ruhig, aber diesmal nicht mit auf Spähtrupp. Bei einem nächtlichen Artillerieüberfall auf Michaelstein mussten wir herunter vom Schafstallboden und halfen, die Verwundeten, die im Lazarett des Klosters lagen, in die unteren sicheren Räume zu tragen. Langert, der schwer verwundet war, starb in Michaelstein und wurde auf dem Klosterfriedhof beigesetzt.

Sonnabend, den 14. April:

Lange geschlafen, Waffenreinigen und Fahrrad putzen. Sonst vollkommen ruhig. Alle Angriffe wurden am gestrigen Tage abgewiesen. Der Ami konnte nicht die Stellungen bei Heimburg nehmen. Abends nicht mit raus zum Spähtrupp. Kriegslage weiter gespannt, wie wird das mal enden?

Sonntag, den 15. April:

Der Tag vollkommen ruhig, ein schöner Apriltag. Haben endlich einmal durchgeschlafen. Mittagessen ganz groß, Pferdegulasch mit Salzkartoffeln. Abends auf Stosstrupp mit rauf zur 7. Kompanie. Die 7. Kompanie hatte gestern einen Stosstrupp nach Benzingerode gemacht, und Hajo Herrmann hat einen Panzer dabei abgeschossen. Abends abrücken zum Vorwerk Helsungen hinter Blankenburg als Gegenstoßreserve, wurden aber nicht eingesetzt, da die Lage schon bereinigt war. Morgens wieder weg von Helsungen.

Montag, den 16. April:

Von Helsungen ging es morgens rauf zum neuen Regimentsgefechtsstand nach Hüttenrode. Ein beschwerlicher Aufstieg, denn die meiste Strecke mussten wir unser Fahrrad schieben. Über Timmenrode, Wienrode nach Hüttenrode. Ernst

Bei sternenklarer Nacht vor Hüttenrode.

Strauch in Wienrode getroffen, er ist beim Tross. Kaum waren wir oben in Hüttenrode, sofort wieder zurück als Reserve, aber erneut nicht eingesetzt.

Dienstag, den 17. April:

Nichts los, der Tag verlief vollkommen ruhig. Nur Waffenreinigen und Beschäftigungsarbeiten. Sind in Hüttenrode im Keller der Schule untergebracht. Im weiteren Raum um Hüttenrode wurden zwei Amis gefangen genommen. Auf ihrem Kampfanorak hatten sie das Divisionszeichen 1. US-Infanteriedivision. Der ROB Gefreite Horst Fischer hatte den Auftrag, die Gefangenen vom Regimentsgefechtsstand in Hüttenrode zur Division nach Blankenburg Schlosskaserne zu bringen. Alles klappte gut bei diesem Fußmarsch, er hatte nur große Mühe, die beiden dort loszuwerden, denn dort herrschte große Hektik. Fischer war Melder beim Zugtrupp unseres Zuges.

Mittwoch, den 18. April:

Morgens Wache von 7.00 bis 9.00 Uhr vor dem Regiment. Anschließend Waffen- und Fahrradreinigen. Es gab mal wieder ein feudales Mittagessen, Pferdegulasch mit Mohrrüben und Salzkartoffeln. Nachmittags zum Einschießen der neuen Waffen am Schützenplatz von Hüttenrode. Es haben aber nur wenige geschossen, da Jabo-Angriff auf unseren Tross sowie auf die Fahrzeuge auf den Straßen im Ort. Zahlreiche Brände im Ort. Von 15.00 bis 18.00 Uhr hinter einer Ackerwalze in Deckung gelegen. Während der Anflugpausen der Jabos wurde dem Furier aus seinem Zelt auf dem Schützenplatz Verpflegung geklaut (aber nur Pferdemohrrüben und Kunsthonig). Als der Feuerzauber vorbei war, ging es sofort los auf Spähtrupp in Richtung Elbingerode. Sind auf einer Rückzugsstraße im Wald nach vorn. Haben von den Truppenteilen, die auf dem Rückzug waren, viele Esswaren erhalten. Fanden einen Geländewagen Steyr V 8, Schnellig hat ihn wieder flott gemacht und beim Regiment abgeliefert. Er selbst musste als Fahrer dableiben. Bei Dunkelheit wieder zurückgekommen. Warmes Abendessen geholt. Puddingsuppe in Milchkannen. Der Ami ist in Rübeland eingedrungen. Alarmbereitschaft! Sind nachts abgerückt auf Rübeland zu bis kurz vor dem Kreuztal nahe einem alten Kalkbruch. Es sieht verheerend aus auf der Straße, alle 50 Meter ein zerschossener LKW oder Pferdewagen. Auf unserem letzten Spähtrupp in Richtung Elbingerode trafen wir auf ein Forsthaus Eggeröder Brunnen. Dort waren viele hohe Offiziere, die mit dem Förster zusammen anständig einen gehoben hatten. Schellig machte einem der hohen Offiziere, der rote Streifen an den Hosen hatte, Meldung über den Auftrag, den wir hatten. Für sie war der Krieg scheinbar schon vorbei, aber wir mussten befehlsgemäß weiter. Auf dem Rückweg trafen wir immer wieder versprengte Einheiten, meistens ein LKW mit Spieß, Rechnungsführer, Fourier und ein paar Soldaten. Bei einem LKW machten wir Rast. Die Landser hatten einen großen Eimer mit Marmelade, wir erbettelten uns Brot und Marmelade, denn wir hatten einen richtigen Heißhunger auf etwas Süßes. Beim Weggehen sprachen wir einen Landser im Tarnanzug, der einen Feldstecher umhängen hatte. Ich glaube, Rudi sprach ihn an, du brauchst doch den Feldstecher nicht mehr, gib ihn uns mit. Nein, den gebe ich nicht her, denn er hat mich fast durch den ganzen Krieg begleitet. Als er sich zur Seite drehte, sahen wir die Rangabzeichen auf seinem Oberarm, es war ein Oberleutnant von den Fallschirmjägern.

Donnerstag, den 19. April:

Haben die Nacht im Straßengraben vor dem Kreuztal/Neuwerk verbracht. Es spielten einige mit dem Gedanken, überzulaufen zum Ami. Sie probten ihre Englischkenntnisse: „Hallo, amerikans friends“. Wir überzeugten sie, dass es Selbstmord wäre, jetzt in der Dunkelheit überzulaufen. Beim Morgengrauen zurück nach Hüttenrode. Stellungsbau auf den vollkommen ungedeckten Höhen. Mir geht die Muffe 1:100.000, habe ein unangenehmes Gefühl! Aber dann kam der Befehl, wieder vor in Richtung Kreuztal. Wir sollten eine neue Hauptkampflinie bilden. Liegen oben auf dem Berg, vor Rübeland. Buddeln uns Schützenlöcher am Waldrand, eine sehr ungünstige Stellung. Kamen aber mit unserer Buddelei nicht weit, denn nach 40 Zentimeter stießen wir auf Felsen. Beim Einbuddeln erhalten wir auf einmal Feuer durch den Ami mit Maschinenpistolen. Machen Stellungswechsel und ziehen uns an einen anderen Waldrand zurück. Das MG 1 ist überwältigt worden (Mordt und Schmidtchen), Unteroffizier Terboven und Unteroffizier Bergmann mit der 3. Gruppe macht einen Gegenstoß, und wir haben mit unseren MG die Flankensicherung übernommen. Gegenstoß ohne Erfolg, denn keiner kam zurück, sicherlich alle gefangen? Der Ami zwingt uns in Deckung, er kommt mit seinen Panzern über die Höhen und die Talstraße entlang. Dann vollkommene Ruhe, es finden sich noch Ruhnau, Wodrich und Dufresne ein. Ruhnau und Dufresne gehen später noch einmal vor zum MG 1 und finden Hänschen Mordt mit Kopfschuss tot vor. Schmidtchen und Kirchner sicher in Gefangenschaft. Ziehen uns ins Dickicht zurück, schlafen und warten die Nacht ab. Um 22.00 Uhr hauen wir ab und arbeiten uns in der sternklaren Mondnacht vorsichtig an Hüttenrode heran. Am Ortsrand brannte der Bahnhof, wir hören laute Stimmen von den Leuten, die dort löschen, gehen noch näher heran und vernehmen amerikanische Laute. Hüttenrode schon vom Feind besetzt. Auf dem Schlachtfeld vor dem Ort viele Gefallene in Schützenlöchern. Ziehen weiter zurück in den Wald zwischen Hüttenrode und Neuwerk. Hauen uns nach einigen 100 Metern im Wald erst einmal hin und schlafen.

Auf der Straße B 27 Hüttenrode-Kreuztal fanden wir in den zahlreichen ausgebrannten und umgestürzten Wehrmachtsfahrzeugen diverse Verpflegung und Ausrüstungen. Wir stochern in den Brandresten herum und fanden große Konservenbüchsen, schwarz verkohlt, der Boden und der Deckel aufgebeult aber noch handwarm. Es wurde sofort eine Büchse geöffnet, der Inhalt Rindergulasch wurde gleich verzehrt. Andere Büchsen mit Wurst, der Inhalt war zu einem schwarzbraunen Klops zusammengeschmort, aber auch noch einwandfrei essbar. Es war eine willkommene Abwechselung zu unserer täglichen Pferdefleischkost mit Mohrrüben. In einem umgestürzten LKW fanden wir Unterwäsche und Strümpfe. An Ort und Stelle wurde die Wäsche gewechselt und ein Bund Strümpfe auf dem Fahrrad verstaut. Viel konnten wir nicht mitnehmen, denn unsere ledernen Kavallerie-Satteltaschen am Gepäckständer waren nur begrenzt aufnahmefähig. Alles musste blitzschnell gehen, denn der Ami konnte ja wieder mit seinen Jabos auftauchen.

Am letzten Einsatztag im Kreuztal, sah der Gruppenführer der 1. Gruppe, Unteroffizier Gemeinhardt, einen amerikanischen LKW im Tal stehen. Er wollte unbedingt diesen LKW ausnehmen und rannte in das Feuer der Amis. Er fiel und mit ihm zwei weitere Kameraden. Auf dem Friedhof Neuwerk/Kreuztal sind von der Stabskompanie des Grenadier-Regimemts, Potsdam 1 (Fahrradzug) bestattet worden: Fhj. Unteroffizier Gerhard Gemeinhardt
ROB Gefreiter Helmut Stockmann
ROB Gefreiter Horst Ziebarth
ROB Gefreiter Heinrich Born.

Grab der Soldaten Ziebarth und Gemeinhardt

Freitag, den 20. April:

Gegen 11.00 Uhr aufgestanden und dann im Wald weiter vorgefühlt. Sind auf einen verlassenen LKW gestoßen, ein Werkstattwagen. Zwei angeschimmelte Kommissbrote und eine angefangene Schachtel Villinger Stumpen gefunden. Nachdem der Schimmel abgeschnitten wurde, schmeckte uns das Brot prima. Auf einem Hangweg stießen wir auf einen Hannomag-PKW, er war auf dem Dach voll gepackt und abgeschlossen. Ich wollte gerade mit meiner Pistole die Seitenscheibe einschlagen, als zwei Landser seitlich aus den Büschen sprangen, sie riefen: Hört auf, es ist unser PKW. Sie waren von einer Nachrichten-Einheit, die zuletzt in Neuwerk im Quartier lagen. Wir suchten nur etwas zum Essen und als sie sahen, dass wir noch mit voller Ausrüstung herumliefen, wurden sie doch friedlicher. Wir bekamen sogar von ihnen noch Verpflegung und blieben zunächst noch bei ihnen liegen. Sie erzählten uns, dass auf einem freien Platz im Wald sämtliche LKW ihrer Einheit abgestellt sind und dort noch genug zu holen sei. Rudi, Wolfgang und Klaus gingen deshalb los, fanden aber die Stelle nicht. Bin dann nochmals mit Peter losgeschlichen ohne Koppel nur mit der Pistole in der Pistolentasche. Wir fanden die Stelle, denn wir hörten von weitem den Krach der Einwohner von Neuwerk, die beim Ausplündern der Fahrzeuge waren. Autouhren, Sitze usw. alles, was einigermaßen war, nahmen sie mit. „Haut bloß ab", gaben sie uns den Rat, denn der Ami kann wieder auftauchen. Sie hatten wenig übrig für uns Soldaten, gaben uns aber trotzdem von dem Geklauten, fünf Brote und einige Schachteln Zigaretten ab.

Gegen Abend umgezogen in ein anderes Versteck am Steilhang eines alten Schieferbruchs. Unter freiem Himmel geschlafen.

Sonnabend, den 21. April:

Bis Mittag geschlafen, es schläft sich herrlich unter freiem Himmel. Haben noch acht Landser hier im Schieferbruch getroffen, die von einer Nachrichten- und Verpflegungseinheit einer Division waren und in Neuwerk in Quartier lagen. Sie hatten von den Einwohnern den Tipp bekommen, sich hier im unwegsamen Schieferbruchgelände zu verstecken. Alles ältere Kameraden, die unsere Väter sein könnten. Sie sagten zu uns: „Jungs, wo wollt ihr denn noch hin, gestern ist Blankenburg gefallen, der Krieg ist für euch aus.“ Es fing langsam an zu regnen, und wir bauten uns ein behelfsmäßiges Zelt. Gegen Abend wieder umgezogen. Weiter oben zwischen den Felsen. Einen alten offenen Windschutz der Schieferarbeiter mit dem Zeltbahnen abgedeckt und gut getarnt.

Sonntag, den 22. April:

Es hat fast die ganze Nacht geregnet, aber es ist nicht viel durchgekommen. Haben uns mal Kaffee gekocht und Brot in Schmalz gebraten. Haben von den anderen Kameraden Brot, einen Würfel Schmalz von 25 kg, Kaffee, Fleischbüchsen und einen Pappkarton mit ca. 100 Zigarren und Zigarillos bekommen. Da lebt man mal wieder auf, wenn man fingerdick Fett essen kann. Am Abend zwei Büchsen Rindfleisch warm gegessen.

Montag, den 23. April:

Es hat wieder die ganze Nacht geregnet und durchsetzt mit Schneetreiben. Wir sind so ziemlich durchgeweicht. Alles ist feucht, Uniform, Decken und die Mäntel, die wir unterwegs aufgelesen hatten. Sind um 10.00 Uhr schon raus. Haben einige Tannen gefällt. Die Stangen über unsere Bude gelegt und mit ca. 2 bis 3 cm dicken Schieferplatten abgedeckt. Dann kamen die Zeltbahnen darüber und alles mit den Tannenzweigen getarnt. Die dünnen Zweige kamen auf den Boden als Schlafunterlage. Endlich ist es dicht geworden. Mittags wieder unsere Spezialität gebraut. Brot mit Zucker und Kaffee. Müssen vorsichtig sein, der Ami fuhr heute öfters mit dem Jeep durch die Gegend auf den Hangwegen entlang, hat uns aber hier oben nicht entdeckt, scheinbar traut er sich nicht in die unwegsame Wildnis.

Dienstag, den 24. April:

Gegen 11.30 Uhr aufgestanden. Peter war es zu eng in unserer Behausung, er schlief unter einer großen Tanne. Das Wetter ist wesentlich besser geworden, es hat aufgehört zu regnen. Der Mensch wird lebensfroher, wenn das Wetter besser wird. Habe mich nach langer Zeit mal wieder gewaschen und rasiert, mit Tonseife und einem angerosteten Rasiermesser. Zum Mittag gab es zwei Stullen, unser Brot geht langsam zur Neige, haben nur noch ein Brot. Müssen zusehen, dass wir was Warmes bekommen. Haben Schmalz getauscht gegen vier Büchsen Gries mit Rindfleisch und einen Erbswürfel. Eben kamen ein paar Kameraden von unten zu uns herauf und brachten die Nachricht mit, der Ami ist aus Neuwerk weg. Sofort ein paar Mann los um noch zu sehen, was von den im Wald herumstehenden LKW noch zu holen ist. Vor allem waren wir scharf auf ein Funkgerät, dass wir mal irgendwo entdeckt hatten.

Mittwoch, den 25. April:

Haben mal wieder Glück gehabt, zwei Brote, Speck und Schmalz von Leuten aus dem Dorf ergattert. Das Wetter ist mal wieder herrlich, schöner Sonnenschein. Haben uns warmes Essen gekocht. Erbswürfel, es hat prima geschmeckt. Die acht Männer von unten haben fast alle Zivilklamotten und wollen sehen, wenn sie im Dorf sind, dass wir auch welche bekommen. Mal sehen, ob es klappt. Leider weiß man nicht, was in der Welt los ist. Keine Nachrichten. Der Iwan soll in Berlin sein, hoffentlich sind die Eltern mit Käthe und Reini geflohen.

Donnerstag, den 26. April:

Bis Mittag wieder geschlafen und dann gelesen und die Zeit totgeschlagen, ein Zustand wie in der Sommerfrische. Haben von Vati (Walter Gärtner) Erbsen bekommen und uns eine Erbsensuppe ganz friedensmäßig gekocht mit Speck, eine Büchse Rindfleisch. Waren abends noch unten bei den anderen Kameraden, die sind nur noch vier Mann. Die anderen sind schon weg, unterwegs nach Hause. Wir warten auch bloß noch auf Zivil, um ebenfalls abhauen zu können.

Freitag, den 27. April:

Haben mal wieder bis Ultimo geschlafen und uns gar nicht herausgewagt, das Wetter ist wieder schlechter geworden. Haben für zwei Mann etwas Zivil bekommen. Klaus und Wolfgang sind abends noch in Zivil ins Dorf und haben einige Esswaren besorgt. Brot und Büchsen.

Sonnabend, den 28. April:

Klaus und Wolfgang waren wieder im Dorf, um Zivilkleidung zu beschaffen, haben aber nichts erreicht. Sie müssen es nochmals versuchen. Brachten aber etwas zum Essen mit, so dass wir noch ein bisschen aushalten können.

Sonntag, den 29. April:

Wie immer lange geschlafen. Es ist ein fürchterliches Sauwetter draußen. Richtiges Aprilwetter, Schneetreiben und Hagel. Haben uns die Zeit mit Skatspiel vertrieben, welches ich in den letzten Tagen gelernt habe. Nachmittag sind Klaus und Wolfgang wieder ins Dorf, um Zivil und Esswaren zu beschaffen. Brachten Büchsen, Brot, fünf Eier und Bohnenkaffee mit, aber kein Zivil. Es wurde ein recht sonntägliches Mahl. Spiegelei mit Speckscheiben. Peter, Klaus und Rudi nachts los ins Dorf, um Kartoffeln zu „holen“, haben aber keinen Erfolg gehabt. Pech!

Montag, den 30. April:

Morgens ist Wolfgang ins Dorf, um wie verabredet Brot und Büchsen zu holen. Haben danach noch weiter geschlafen. Nach dem Aufstehen kam jedoch die Überraschung! Es kamen zwei Frauen und zwei Mädchen den Weg am Bach entlang zum Schieferholz hinauf. Zwei von ihnen trugen Tragekiepen auf dem Rücken, in denen Zivilkleidung war. Wir beobachteten sie eine ganze Zeit, ehe wir uns zu erkennen gaben. Sollen mit ins Dorf und uns anmelden. Quartier ist aber erst für drei Mann und die Zivilsachen ebenfalls für nur drei Mann vorhanden. Wir einigten uns, und Klaus, Wolfgang und ich gingen so gegen 11.00 Uhr mit den Frauen zusammen ins Dorf. Man kommt sich nun in Zivil ganz komisch vor, zumal der Krieg immer noch nicht zu Ende ist. Wohnen alle im selben Haus, Ecke des Güldenwinkels. Wolfgang bei Schächtels und Klaus bei Engels im ersten Stock. Frau Engel und Tochter Elfriede waren mit ihren Kiepen an der Zivilsachenaktion beteiligt. Ich bin bei Frau Bannemann im Parterre einquartiert. Sie ist aus Braunschweig evakuiert, und ihr Mann ist Hauptmann beim Heer. Ihre zwei Söhne sind vier und sechs Jahre alt. Die Leute wissen scheinbar, was sie den Soldaten schuldig sind. Nun heißt es erst einmal die Lage abwarten. Wir müssen sehen, ob wir bald weiterziehen oder ob wir hier Arbeit bekommen. Ich bin gespannt, wie es bei der Gemeinde mit der Anmeldung wird, vielleicht klappt alles gut.

Überleben in Neuwerk

Dienstag, den 1. Mai:

Nach langer Zeit mal wieder Zivilist und ein Dach über dem Kopf. Erste Nacht ganz gut geschlafen. Es mutet einem wie ein Traum an, im weiß bezogenen Bett geschlafen zu haben. Bin hier bestens versorgt und untergebracht. Wollte mich heute im Gemeindebüro anmelden, aber geschlossen, denn es ist ja der 1. Mai. Nachmittags raus mit Frau Bannemann und Holz aus dem Wald geholt. Es war ein herrlicher Weg zum Bodetal entlang. Wäre noch schöner gewesen, wenn mir nicht so erbärmlich übel gewesen wäre. Die andere Kost und natürlich überfressen. Es konnte ja nicht ausbleiben, aber der Magen wird sich schon einrenken.

Mittwoch, den 2. Mai:

Früh gleich mit Wolfgang zum Gemeindebüro und uns angemeldet. Wie sollte es auch schief gehen, wir konnten uns ja ausweisen. Ich mit meinem Landjahrpass von 1937 und er mit seiner Kennkarte. Sicherheitshalber hatte ich noch eine Wehrpass-Notiz über meine UK-Stellung dabei. Ich wurde gefragt: Waren Sie Soldat? Nein die Antwort. Letzter Aufenthaltsort? „Verlagerungsbetrieb Daimler Benz in Ebersbach am Neckar". Hat alles bestens geklappt. Habe gleich die Lebensmittelkarten mitbekommen. Müssen uns jedoch Morgen um 8.00 Uhr für die Gemeinde zur Arbeit melden. Mir macht die Arbeit nichts aus, werde schon irgendwie auskommen. Es geht mir weiterhin gesundheitlich nicht gut, werde aber schon alles überwinden.

Donnerstag, den 3. Mai:

Wir mussten täglich von 8.00 bis 12.00 Uhr vier Stunden für Gemeinde Neuwerk arbeiten. Wir trafen uns alle immer morgens vor dem Gemeindebüro. Hier wurden wir zur Arbeit eingeteilt. Sah man sich nun so im Kreis der Arbeiter um, dann konnte man an die ca. 30 ehemaligen Landser zählen, die im Ort untergetaucht waren. Der Ort selbst eine so genannte Sackgasse, der Weg vom Oberdorf hinaus nach Hüttenrode war ein Feldweg. Da sich der Ami selten hier sehen ließ, sprachen wir immer von Neuwerk: „Das vergessene Dorf". Wir hatten selten Kontakt mit den Amis. Einmal jedoch in Kreuztal, als wir in einer Barackenfabrik aufräumten, kamen zwei Amis und wollten „Plainwood" haben. Wir zeigten ihnen verschiedene Brettersorten, mit und ohne Nuten, aber es war nicht das Richtige. Bis einer auf die Idee kam, Mensch, die wollen Sperrholz haben. Wir wollten sie gut bedienen, aber Sperrholz gab es keines. Die Kameraden von der anderen „Feldpostnummer" haben nicht eine Camel spendiert.

Freitag, den 4. Mai:

Bin heute mit Dieter ganz allein. Frau Bannemann ist mit Heinz nach Blankenburg. Wieder gute Beschäftigung, an einem DKW repariert und montiert. Habe einen guten Einband für mein Tagebuch aus einem PKW organisiert. Nachmittags mit H. Schächtel und Wolfgang auf dem Feld und haben umgegraben. Es ist eine schwere Arbeit auf dem harten Boden. Frau Bannemann schon abends zurück, sie wollte erst morgen kommen. Es ist eigentlich komisch mit unserer Unterbringung, es soll alles vom Bürgermeister ausgehen. Er hat einen komischen Einschlag. Der neue Bürgermeister Mertens, ein 70-jähriger Mann, war hier schon vor 1933 eingesetzt. Ebenso die Antifaschisten, sie haben jetzt überall Oberwasser. Bin gespannt, wie lange das hier gut geht. Nach Berlin können wir nicht zurück, es ist von Russen genommen worden. Adolf Hitler ist im Kampf gefallen und damit ist auch der letzte Widerstand zusammengebrochen. Das sind alles erschütternde Nachrichten, jetzt heißt es sich durchschlagen und über Wasser halten.

Sonnabend, den 5. Mai:

Wieder die Zeit verschlafen. Erst um 8.30 Uhr zur Arbeit und einen Ford in Ordnung gebracht. Danach Werkzeug sichergestellt. Auf dem Gemeindeamt hat sich jemand aufgeregt über uns. Wir sollen weg oder man will uns beim Ami auf der Kommandantur in Rübeland melden. Es waren Frauen, die beim Bürgermeister waren, deren Männer beim Einmarsch der Amis abgeholt wurden. Aber erst einmal abwarten. Ab heute morgen soll Waffenstillstand sein. Mal sehen, was dann kommt. Es dürfen nun keine Gefangene mehr gemacht werden. Habe heute nach langer Zeit eine Zeitung in die Hand bekommen, sie war amerikanischer Herkunft.

Sonntag, den 6. Mai:

Mal richtig ausgeschlafen bis 9.00 Uhr, gemächlich gefrühstückt, dann sonntäglich angezogen. Mal wieder ein gutes Buch angefangen zu lesen von Rudolf Herzog „Elisabeth Welsers Weggenossen". Nachmittags auch gesessen und gelesen. Abends haben wir noch gemütlich beisammen gesessen bei Engels oben. Ernst mit Elfriede Engels, Anni, Klaus und Wolfgang. Nach dem Abendessen war noch Elli und Tutti Erdmann mit Alfred hier bei uns. Frau Bannemann kam auch noch herauf. Sie hat uns allen Karten gelegt. Mal sehen, was davon und ob es überhaupt eintrifft. Haben noch gesungen, flotte Melodien und Volkslieder. Nach 24.00 Uhr haben wir Herrn Schächtel noch ein Geburtstagsständchen gebracht.

Montag, den 7. Mai:

Sind etwas spät aufgestanden. Heute nicht zur Autoschlosserei eingeteilt worden, sondern waren zum Benzin abfüllen im Kreuztal. Ruhige Arbeit, waren zeitig schon zurück. Frau Bannemann heute nach Blankenburg. Habe mit den Kindern alleine Mittag gegessen. Nachmittag habe ich Vorrat geschlafen. Nach dem Abendbrot rüber zu Herrn Schächtel und haben Geburtstag gefeiert. Bester spanischer Cognac, selbst gemachter Likör. Hatte ein ganz schönes Ding sitzen. Dann gab es noch Glühwein und um Mitternacht Mokka mit Käsetorte, das gab mir den Rest. Das ganze Abendbrot kam heraus, und ich war blass wie ein Handtuch. Bin so leise weinend um 2.00 Uhr morgens verschwunden.

Dienstag, den 8. Mai:

Um 7.45 Uhr aufgestanden. Es war kaum jemand wach zu kriegen. Hatte eigentlich nur einen leichten Kater. Bin erst um 8.30 Uhr mit Wolfgang raus zum Sprit abfüllen. Habe heute Rudi getroffen, er ist bei der Familie Mertel (Ortsteil Hamburg) gut untergekommen. Er war gestern auf dem Neuwerker Friedhof im Kreuztal und fand dort drei Gräber, Unteroffizier Gemeinhardt, Horst Ziebarth und das dritte Grab war nicht zu entziffern (Gefreiter Stockmann), vielleicht auch jemand von unserem Zug? Wenn ich Zeit habe, forsche ich mal nach. Heute wurde mir so leise beigebracht von Frau Bannemann, dass das Essen langsam zur Neige geht. Ich kann es verstehen von der Frau, denn sie hat selbst nichts mit ihren zwei Kindern. Nun muss gehandelt werden. Mir bleibt nichts anderes übrig, als mit Wolfgang nach Münster zu ziehen oder mir hier ein anderes Quartier zusuchen. Erst einmal die Umgebung abgeklappert und den morgigen Tag abwarten. Die Sperre mit dem Passierschein ist auf 10 Kilometer erweitert worden.

Mittwoch, den 9. Mai:

Wieder mit Wolfgang raus zum Sprit abfüllen. Haben nur zehn Fässer vollgemacht. Frau Bannemann will nun endlich wissen, wann wir losziehen. Den ganzen Tag herumgelaufen wegen Quartier, aber nichts gefunden. Mit Wolfgang rauf in den Wald zu einem Wagen, er ist ziemlich in Ordnung, es fehlen die Zündkabel und der Verteilerkasten ist kaputt. Abends nochmals versucht bei Angerstein wegen einer Unterkunft, aber nichts zu machen. Mir bleibt nichts anderes übrig, als mich morgen abzumelden. Blieb aber noch bis Ende Juli im Harz. Am 28. Juli 1945 stand ich vor der Tür meines Elternhauses. Zu Hause war die Freude riesengroß.

Namensliste des 2. Zuges (Fahrradzug) der Stabskompanie des Grenadierregiments Potsdam 1 (bei Aufstellung Grenadierregiment 1053)

Kompaniechef Oberleutnant Deimel.

Zugführer:

	1. FjOFw Arenz	
Zugtrupp:		
	2. ROB Gfr. Fischer, Horst	
	3. ROB Gfr. Wunsch, Hans	
	4. ROB Gfr. Zoch	
	5. ROB Gfr. Sachse	
	6. Stb Gfr. Dellinger	
	7. ROB Gfr. Schmalenberg	
1. Gruppe:		
GrpFh.	8. FjUffz Gemeinhardt, Gerhard	gefallen am 19.4. Neuwerk
	9. ROB Gfr. Peters	
	10. ROB Gfr. Born, Heinrich	gefallen am 19.4. Neuwerk
	11. ROB Gfr. Druschke	
	12. ROB Gfr. Schnell	
	13. ROB Gfr. Ziebarth, Horst	gefallen am 19.4. Neuwerk
	14. ROB Gfr. Rohrbach	
	15. ROB Gfr. Stockmann, Helmut	gefallen am 19.4. Neumark
2. Gruppe		
GrpFh	16. FjUffz Schellig, Horst	
	17. ROB Gfr. Wodrich, Peter	
	18. ROB Gfr. Stüdemann, Rudi	
	19. ROB Gfr. Gurt	
	20. ROB Gfr. Mordt, Hans	gefallen am 19.4. Kreuztal
	21. ROB Gfr. Palm, Friedrich	
	22. ROB Gfr. Kirchner	
	23. ROB Gfr. Schmidtchen	
3. Gruppe		
GrpFh	24. FjUffz Bergmann	
	25. ROB Gfr. Heck	
	26. ROB Gfr. Bechler	
	27. ROB Gfr. Dufresne, Klaus	
	28. ROB Gfr. Hornath, Heinz	
	29. ROB Gfr. Hermes	
	30. ROB Gfr. Wilde	
	31. ROB Gfr. Ruhnau, Wolfgang	

Soldatengräber auf dem Friedhof Kreuztal/Neuwerk.

Diese Abschrift der Namensliste ist nach Angaben von Horst Fischer erstellt worden, der diese durch die amerikanische Gefangenschaft rettete.

Der FjUffz Gemeinhardt, die ROB Gfr. Born, Ziebarth und Stockmann fielen an der Eisenbahnbrücke im Kreuztal, Neuwerk/Rübeland und wurden auf dem Friedhof Neuwerk beigesetzt.

Der ROB Gfr. Mordt fiel am Waldrand von Nebelsholz oberhalb des Kreuztales, er wurde an der Stelle beigesetzt.

Potsdam 2 / Regiment 1054. 1. Bataillon

Über seine Erlebnisse berichtete der Reserveoffiziers-Bewerber Gottfried Becker aus Bad Lausick:

Bei der Division „Potsdam“ im Harz

In der Nacht zum Karfreitag, dem 30. März 1945, wurden wir um 1 Uhr geweckt. Wir, das waren etwa 30 Reserveoffiziersbewerber von Jahrgang 1926 auf dem sächsischen Truppenübungsplatz Zeithain. Seit Juni 1944 waren die meisten von uns dort. Wir hatten in zwei Abschnitten eine gründliche Ausbildung erhalten. Am 28. Februar war unser Lehrgang beendet gewesen, und fast alle der 1.200 Mann wurden zur „Frontbewährung“ abgestellt. Unser Zug hatte als bester abgeschnitten und durfte in Zeithain bleiben, um bei unseren Nachfolgern, Rekruten des Jahrgangs 1928, als „Hilfsausbilder“ tätig zu sein. Wir waren ein dreiviertel Jahr von der Außenwelt fast abgeschnitten gewesen.

Aber dem Wehrmachtsbericht am „Schwarzen Brett“ konnten wir doch entnehmen, dass der Krieg verloren sein würde, wenn nicht bald etwas Entscheidendes passierte. Nun war es offensichtlich soweit. Wir wurden in die Schreibstube bestellt, wo unser Hauptmann jeden einzelnen zum „ROB-Unteroffizier“ beförderte – auch ohne Frontbewährung. Dann wurde die Kammer gestürmt, um uns unsere neuen Rangabzeichen aushändigen zu lassen. Wäsche, Uniform und Schuhe wurden getauscht, die Gewehre vom Typ 98 k abgegeben. Nun hieß es warten.

Am 2. Osterfeiertag, dem 2. April, wurden wir abends bei Regenwetter auf dem Militär-Bahnhof Lager Zeithain verladen. Alles Ausbildungspersonal fuhr mit und alle neuen Rekruten mit vierwöchiger Ausbildung, ein ganzer langer Güterzug. Natürlich kannten wir das Fahrziel nicht, aber als es morgens hell wurde, befanden wir uns mitten in Berlin. Erstmals sah ich eine dermaßen zerstörte Stadt und meine Zweifel am „Endsieg“ nahmen zu. Die Fahrt endete auf dem Truppenübungsplatz Döberitz. Aussteigen, dann ging es sofort in eine der leeren großen Garagen, die in den Sand hinein gebaut und damit gegen Fliegereinsicht geschützt waren. Uns empfing ein einarmiger Oberstleutnant, der uns – man höre und staune – fragte, wer gern zusammen bleiben möchte. So etwas war mir beim Militär noch nicht vorgekommen! Dann teilte er uns mit, dass wir zur Neuaufstellung der 85. Infanterie-Division gehörten, welcher der Name „Potsdam“ verliehen worden sei. Wir bekämen auch entsprechende Ärmelstreifen, die seien aber noch nicht fertig. Unser Divisionär hieße Oberst Lorenz, ein erfahrener und hoch dekorierter Frontoffizier.

Wir wurden in Kasernengebäuden untergebracht, die leer standen. Gottlob war ich mit meinem Freund aus Bad Lausick zusammengeblieben, mit dem ich zwölf Jahre lang in eine Schulklasse gegangen war. Dienst gab es noch nicht. Dafür sahen wir uns ganz in unserer Nähe das „Olympia-Dorf“ von 1936 an. Dort gingen wir ins Kino und sahen den Film „Ich klage an“ mit Heinrich George in der Haupt-

Der Militärtransport in den Harz.

rolle, ein Film, der indirekt die Euthanasie unterstützte. Aber dass es so etwas gab, wussten wir natürlich nicht. Am nächsten Tag wurde ich zur „Divisions-Kampfschule" versetzt, ohne den Sinn dieser Einrichtung zu begreifen.

Dort war ich zwar wieder mit sieben Zeithainern zusammen, aber ohne meinen Freund Arno. Und den „Stationsdienst", wo uns die Handhabung verschiedener Waffen erklärt wurde, hielt ich für Beschäftigungstheorie, das hatten wir ja in Zeithain wahrhaftig genügend geübt.

Am 10. April abends kam Alarm, und wir marschierten nach Falkensee zum Verladen. Nachts um 3 Uhr ging die Fahrt dann los. Einen ganzen Tag und eine weitere Nacht waren wir unterwegs, und ich genoss die Schönheit der Landschaft, kein Fliegerangriff störte. Man hatte uns vor der Abfahrt gesagt, unsere Aufgabe wäre, die Abschussbasen der V 2 im Raume von Nordhausen freizukämpfen. Von den Produktionsstätten des KZ Dora war nicht gesprochen worden. Mir erschien Nordhausen als ein sehr weitgestecktes Ziel, vor allem mit seiner zunächst langen Bahnfahrt.

Umso erstaunter war ich, als wir am 12. April morgens in Nienburg an der Saale ausgeladen wurden. Die Eisenbahnbrücke über die Bode war schon gesprengt, im Ort wurde bereits Panzeralarm gegeben. „Die Bevölkerung ist ganz aufgeregt", notiere ich in meinen Taschenkalender.

Unser Weg als Sturmkompanie führte uns zunächst nach Bernburg, den rückflutenden deutschen Soldaten entgegen. Dort wurden gerade Warenlager aufgelöst, wir konnten uns jeder ein Fahrrad nehmen, leider waren sie alle ohne Pedalen! Aber nun brauchte ich mein fabrikneues MG 42 nicht mehr zu tragen, sondern konnte es streckenweise „fahren lassen". Was aus der in Nienburg verbliebenen Einheit, auch Artillerie-Geschütze, wurde, ist mir bis heute nicht bekannt. Als wir Güsten durchquerten, war wenige Kilometer nördlich von uns in Staßfurt schon der Ami. (etwa fünf Kilometer entfernt lt. Autor)

Der Marsch setzte sich fort nach Aschersleben, vorher wurde es dunkel, wir durchquerten die Stadt ohne Halt, und weiter ging es die ganze Nacht hindurch, bis wir frühmorgens Ballenstedt erreichten. Ich hatte an meinem MG ganz schön zu schleppen und setzte mich irgendwann in der Nacht auf einen Bagage-Wagen, der, von russischen „Hiwis" gelenkt, hinter uns herfuhr. In Ballenstedt angekommen, erhielt ich einen fürchterlichen Anschiss, wie ich mich ohne Erlaubnis fahren lassen könne, das sei so etwas wie „Entfernung von der Truppe". Ich musste die ersten beiden Stunden Wache stehen, bevor ich mich mit meinen Kameraden im Bürgerquartier ausschlafen konnte. Unsere Waffen, Geräte und Fuhrwerke hatten wir im Schlosspark abgestellt. Unter den großen Bäumen waren sie gegen Fliegersicht gut getarnt, und wir spürten das aufkeimende Grün und die Ruhe des Morgens. Bevor unser Marsch aber abends weiterging, hielten es unsere Offiziere für angebracht, uns noch einmal zu zeigen, was „preußische Zucht und Ordnung" bedeutet. Unsere ganze Kompanie musste strafexerzieren! Ein Irrsinn in der Situation – aber es war so! Dabei bestand unser Haufen überwiegend aus Unterführern, also Feldwebeln und Unteroffizieren, zum Teil Genesenden oder Umschülern der Luftwaffe und Marine mit langer Kriegserfahrung. Immer mehr erschien mir unsere Divisionskampf-Kampfschule als eine Art Unterführer-Reserve. (Bei der Sturmkompanie handelte es sich nicht um eine strukturelle Einheit, wie beispielsweise Schützen-, Pionier- oder Grenadierkompanie. Vielmehr wurden zur Lösung bestimmter Gefechtsaufgaben zeitweise spezielle Einheiten mit zum Teil auch besseren Bewaffnung und Ausrüstung zusammengestellt, wie z.B. Stoßtrupp, Kampfgruppen oder Kommando-Unternehmen oder eben auch Sturmkompanie. (lt. Autor)

Abends ging unser Marsch weiter. Vorbei an der Roseburg im Lichte der Abendsonne ging es zunächst nach Gernrode. Es war warm für diese Jahreszeit. In Bad Suderode bogen wir scharf links ab und marschierten nun auf die Harzberge zu. Es wurde dunkel, der Wald trat dicht an die Straße heran. Wir begannen den Aufstieg, ohne zu wissen, wo er endete. Ich durfte mein MG auf einem Rad schieben, da überholten uns in sehr langsamer Fahrt einige Lastkraftwagen. Im Vorbeifahren bekam ich einen Griff am Fahrzeug zu fassen und ließ mich bergauf ziehen.

Einsatzgebiete vom 1. Bataillon „Potsdam“ 2.

Einige Male musste ich schon ausgehobenen Schützenlöchern ausweichen, die in die Fahrbahn hineinragten. Da wir natürlich ohne Licht fuhren, hieß es gut aufpassen. Mein Arm fing an zu schmerzen, aber ich ließ nicht los, bis das Auto die Höhe offenbar erreicht hatte, denn die Straße verlief nun eben weiter. Ich setzte mich an einer erreichten Querstraße an den Straßenrand und wartete auf die nachkommende Kompanie. Der Mond schien hell, alles war so friedlich.

Es dauerte fast zwei Stunden, bis ich Geräusche auf der Straße hörte. Endlich kamen meine Kameraden schwitzend und abgekämpft die Straße herauf. Nur noch wenige hundert Meter und wir sahen das Ortsschild „Friedrichsbrunn“. Es war gegen 2 Uhr am 14. April. Aus der Gaststätte drang Lärm, es war Zeit zum Rasten. Im Raum empfing uns eine unwirkliche Atmosphäre. Soldaten und Zivilisten, alle aufgeregt, denn „in Güntersberge ist der Ami“. Das müsste wohl ziemlich in der Nähe sein. Es wurde viel getrunken und gelacht. Ein Ordnungshüter war nirgends zu erkennen. Wir bekamen etwas zu essen, bald brachen wir wieder auf in Richtung Allrode, aber nun mussten wir in Schützenlinie laufen, also alle hintereinander. Das MG musste geladen werden, dabei verlor ich meine Handschuhe, und es war doch noch kühl in der Nacht. Leise, ohne Geräusche und Gespräche, durchquerten wir Allrode und bogen ab in Richtung Treseburg. Der Marsch durch das Waldtal mit den vielen Kurven, dem voll strömenden Bach und immer bergab, dazu der helle Mond – unvergesslich. Bei Morgengrauen rückten wir in Treseburg ein. Wir wurden in der kleinen, schönen Kirche einquartiert. Offenbar gab es keinen anderen Raum mehr, wo eine größere Einheit geschlossen untergebracht werden konnte. Wir schliefen auf den sehr schmalen Bänken des hölzernen Kirchengestühls rasch ein, die Strapazen der vorangegangenen Tage waren zu groß.

Gegen Mittag fuhr unten auf einem freien Platz zwischen schönen alten Bäumen die Feldküche auf, es gab einen Schlag kräftiges Essen. Dann wollte ich den Ort erkunden und stieß zunächst auf einen Tennisplatz. Einwohner waren kaum zu bemerken, aber drüben in der „Forelle" tat sich plötzlich etwas. Größere Kinder beluden Handwagen mit Koffern und Rucksäcken. Noch größere Mädchen – „Teenager" würden wir heute sagen – halfen dabei. „Wo wollt ihr denn hin?" – „Nach Hause" – Sie erzählten, in dem großen Gebäude wäre ein Kinderlandverschickungslager (KLV-Lager) untergebracht. „Und wo ist euer Zuhause?" – „In der Gegend von Köln". Da konnte ich nur entsetzt sagen: „Da müsst ihr durch zwei Frontlinien!" Ich weiß nicht, ob mein dringender Rat, dazubleiben und abzuwarten, gefruchtet hat. Ich hoffe nur sehr, dass diese Jungen nicht daran beteiligt waren, als nach dem Einmarsch der Amerikaner auf den Kommandanten von hinten geschossen wurde und die Amerikaner dafür neun Jugendliche erschossen. Die sind auf dem Treseburger Friedhof begraben. Noch zu DDR-Zeiten war ich dort, fand aber niemanden, der mir klare Auskunft geben wollte oder konnte.

Am Sonntag, dem 15. April, schrieb ich in meinen Kalender „In der Kirche übernachtet – Der Kessel soll zu sein – Abends Alarm und Abmarsch." Nachdem wir uns im großen Garten der „Forelle" bereitgestellt hatten, ging wieder ein Nachtmarsch los, Richtung Altenbrak. Am frühen Morgen sehen wir auf die Dächer des Ortes, von denen etliche die Rote-Kreuz-Zeichen tragen. In Schützenlinie ging es wieder eine schmale Straße in Richtung Wald, vorbei am Friedhof, in der Ferne ein Freibad.

Plötzlich rauscht und pfeift es, und instinktiv werfen wir uns an den rechten Straßenrand, von dem aus der Hang weiter nach oben geht. Neben mir klirrte etwas, ein Granatsplitter, vielleicht zwei Zentimeter lang und schön gezackt, dreht sich mehrmals um sich selbst und bleibt dann liegen, so dass ich ihn ausgestreckter Hand erreichen kann. Den nimmst du mit, fährt es mir durch das Gehirn, greife danach und zucke zurück. Das Ding ist heiß und nicht zum Anfassen.

Bald traten wir wieder in Hochwald ein, zunächst fast unbelaubter Buchenwald, dann Fichtenwald. Entlang eines Waldweges sollten wir uns eingraben. Aber kaum hatten wir zu buddeln begonnen, hieß es: „Aufhören und weitermarschieren". Nach einiger Zeit erreichten wir einen anderen Teil des großen Waldgebietes.

Auf dem Weg nach Altenbrak.

Hohe Buchen, eine gut ausgebaute Straße führte von uns weg. Quer dazu am Waldrand sollten wir in Stellung gehen. Einsicht in das Tal vor uns gab es nicht, aber es wurde erzählt, wir lagen vor Hasselfelde. Das Ausheben der Löcher war eine Qual mit unseren kleinen Feldspaten, denn wir stießen bald auf felsiges Gestein. Trotzdem schuf ich mit meinem MG-Schützen 2 ein Loch für unser MG, wie wir es gelernt hatten.

Für diesen und den nächsten Tag notiere ich: „Wir liegen im feindlichen Ami-Feuer. Der erste Verwundete. Wenn wir den Kopf hoch nehmen, donnert es. Ami uns gegenüber."

Plötzlich kam aus dem Tal auf der Straße ein Jeep hoch mit zwei GI's. Sie hatten sich verfahren, direkt auf unsere Stellung zu. So machten wir sogar in unserem kurzen Krieg noch zwei Gefangene. Ehe sie unter Bewachung weiter nach hinten fuhren, wurden sie ihre Verpflegung und ihre Zigaretten los. Wie lange wird ihre Gefangenschaft gedauert haben? Noch etwas habe ich für diesen Tag notiert: „Der erste Tote." Eine Gruppe Hitler-Jungen kam, mit Panzerfäusten bewaffnet, mitten auf der Straße gelaufen. Das löste natürlich einen erneuten Feuerüberfall der Amis aus – ein unsinniges Opfer mehr in diesem unsinnigen Krieg. Essen kam nicht heran, längst hatten wir unsere eisernen Rationen verzehrt, endlich am 18. April früh gab es Verpflegung, und – wir wurden abgelöst! Hundemüde krochen wir aus unseren Löchern – da sah ich meinen Freund aus Bad Lausick. Schnell tauschten wir noch Leberwurst gegen Schoko-Cola, dann marschierten wir denselben Weg zurück in Richtung Altenbrak, den wir gekommen waren. In der Gegend des Freibades aber hieß es plötzlich „kehrt marsch" – der Ami hat angegriffen. Ein Stück ging es auf der uns bekannten Straße in den Wald hinein – plötzlich krachte und pfiff es – wie die Hasen sprangen wir in den angrenzenden Hochwald, in dem noch das raschelnde Laub des Vorjahres lag. Ein Gegner war nicht zu sehen, die Querschläger der Baumkrepierer zwangen uns zu Boden. Ich suchte Schutz in einer flachen Mulde, immer noch mein MG bei mir – da kam die Reaktion meiner „Feuertaufe". Ich spürte ein menschliches Rühren, das nicht mehr zu unterdrücken war. Auf dem Rücken liegend ließ ich meine Hose herunter und im Liegen verrichtete ich mein Geschäft, immer in der Angst, ein Ami könnte plötzlich vor mir stehen. Aber die blieben hübsch auf der Straße. Das Feuer ließ nach, hörte auf – wir waren abgeschnitten. Da suchte ich meinen „MG-Schützen 2", der ja meine Munitionskiste trug. Der sei schwer verwundet und abtransportiert worden. Das hatte ich nicht gemerkt. Die Angst war zu groß gewesen.

Noch hatte ich mein MG, aber keine Munition zum Schießen. Die brauchte ich auch nicht, denn wir etwa 20 Mann mit zwei Leutnants liefen quer durch den Wald auf eine Bergkuppe zu. Es wurde Abend, und es wurde dunkel. Da habe ich mein fabrikneues Maschinengewehr „in zwei Teile zerlegt", wie wir es gelernt hatten und diese in weitem Bogen von der Bergkuppe aus im Wald verstreut. Das Ding weiter zu schleppen, erschien mir ohne Munition sinnlos. Kein Soldat ohne Waffe! Und siehe da, auf dem Waldboden lag – wie für mich hingelegt – eine italienische Maschinenpistole. Dazu hatte ich zwar auch keine Munition, aber es war eine Waffe.

Am nächsten Morgen wurden wir in zwei Gruppen geteilt, die sich getrennt zu den eigenen Truppen durchschlagen sollten. Unsere Gruppe wollte zunächst durch Spähtrupp klären, wo wir waren und wo der Feind. Freiwillig meldete ich mich nicht dazu, da erhielt ich zuletzt den Befehl, nachzusehen, ob Altenbrak schon besetzt sei. Ich schlich mich den Berg hinunter und gelangte hinter Hecken bis zum Friedhof. In der Leichenhalle lag ein toter Soldat, den eine Granate von vorn mitten ins Gesicht getroffen hatte. Das war einfach weg. Es grauste mich, aber in dem Augenblick gingen Amis drüben beim Freibad in Gefechtsordnung auf den Ort zu. Ich rannte rasch zu meinen Kameraden auf dem Berg zurück. Wir stiegen dann so abwärts, dass wir zwischen Altenbrak und Wendefurth das Tal erreichten. Die Bode führte wenig Wasser, wir hüpften von Stein zu Stein, und rasch ging es gegenüber wieder in den Wald hinein. Nach dem Aufstieg am Talhang kamen wir in einen Wald, da lag mitten unter den hohen Bäumen ein riesengroßer Haufen Konservendosen, unbewacht und übermannshoch, ohne jede Aufschrift und im graubraunen Lack, mit dem damals das Rosten der Büchsen verhindert werden sollte. „Wir sichern ein Verpflegungslager“, steht in meinem Kalender. Rasch bedienten wir uns, aber lange bleiben konnten wir hier nicht. Ein Auto nahm uns ein kleines Stück mit auf der Straße nach Hüttenrode. Schon an der Kreuzung, wo die Straße rechts talabwärts in Richtung Cattenstedt führt, stiegen wir wieder ab. An dieser Straße sollte der Regiments- oder Divisions-Gefechtsstand liegen. Der war dann auch wegen des Fahrzeugverkehrs gut zu erkennen, ein größeres Haus am Waldesrand, etwas von der Hauptstraße abseits gelegen.

Wir aber, noch ein Leutnant mit zehn Mann, bogen zunächst rechts ab in ein Seitental, wo wir bald an ein Wasser kamen. War es eine kleine Talsperre oder ein Wasserreservoir für Trinkwasser? Bald waren wir eingeschlafen.

Gegen Abend meldete sich der Leutnant in dem Gefechtsstand, und wir erhielten eine letzte Aufgabe. Oben an der Kreuzung war inzwischen die Frontlinie, und eine Gruppe, das waren etwa zehn bis zwölf Mann, stand oben noch als Verteidigung. Denen sollten wir die Nachricht bringen: „Ab 1 Uhr nachts am 20. April ist der Kessel aufgelöst. Durchschlagen Richtung Südwest.“ Wieder ging es im Gänsemarsch bergauf, je höher wir kamen, desto stärker wurde der Beschuss, und die Straße bot kaum Deckung. Rechts waren Felswände, links ging es steil bergab. Ich war als stellvertretender Gruppenführer eingeteilt und durfte als letzter hinten laufen. Da kam von vorn die mündlich durchgegebene Meldung: „Befehl ausgeführt – kehrt marsch“. Ich war recht froh darüber. Wieder unter beim Gefechtsstand angelangt, wurden wir auf LKW geladen und begannen unsere letzte Fahrt als Landser. Unter großen Bäumen in der Nähe des Friedhofes Wienrode standen andere Lastwagen, voll mit Wäsche. Wir wechselten unsere Unterwäsche in nagelneue um, stopften unsere Gasmaskenbüchsen voll mit Essbarem, warfen unsere Waffen weg. Da hörten wir auf der ins Dorf führenden Straße aus Richtung Treseburg Panzergeräusche. Das war gegen zwei Uhr. Über eine mit Stacheldraht umzäumte Viehkoppel hüpften wir schnell in Richtung Wald. „Fünf Mann versuchen durchzukommen. Nacht im Wald.“ Schreibe ich auf. Allerdings war mir klar, nur „Richtung Südost“, das heißt Richtung Heimat kam als Marschrichtung infrage. Eine winzigkleine Deutschlandkarte im Maßstab 1:3.000.000 musste als Orientierung dienen.

Den nächsten Tag haben wir bei herrlichem Sonnenschein an den Südhängen der Bode (oberhalb Treseburgs) geschlafen. Nachts gingen wir über eine Bodebrücke, die nicht bewacht war. Am 21. April schliefen wir in einer Lärchenschonung bei Allrode. Kurz zuvor waren wir auf eine verlassene amerikanische Verpflegungsstelle gestoßen, wo wir Konserven, Kakao und Zigaretten vorfanden. Ungeahnte Genüsse! Dann schlossen wir uns einem anderen Trupp an und marschierten querfeldein gen Südwesten.

Für den 22. April habe ich notiert. „Früh 2 Uhr Rast im Dickicht. Es schneit. Schwarzer Tee und Bohnenkaffee. Mittags 12 Uhr Abmarsch. Gegen 5 Uhr Harzausgang erreicht. Unsere große Gesellschaft wird aufgelöst." Ich wollte Richtung Südosten laufen und mit mir Johann Lerisch aus Troppau, der auch nach Hause wollte. So liefen wir durch die Vorläufer des Harzes, machten nachts 2 Uhr bei strömenden Regen Rast in einer Schonung und hörten auf der entfernten Hauptstraße ständig Motorengeräusche der amerikanischen Truppen.

Am Morgen des 23. April, früh, marschierten wir weiter. Wegen unserer kleinen Karte konnten wir uns nur nach der Sonne richten. So weiß ich heute noch nicht, wo wir uns genau befanden. Gegen Mittag machten wir eine Pause und legten uns in einem kleinen Waldhüterhäuschen in das dort vorgefundene Doppelstockbett. Um 2 Uhr wurden wir geweckt: „Hands up!" Zuerst wollte ich sagen macht keinen Quatsch, wir sind auch nur Landser, weil wir am Tage mitten im Wald keine Amis vermuteten. Da hatten wir uns aber getäuscht. Waffen hatten wir keine, aber mit noch erhobenen Armen ging meine Armbanduhr flöten. Gut, dass ich nur meine „alte" mitgenommen hatte. Wir mussten uns auf den Kühler eines Jeeps setzen, und in schneller Fahrt ging es zu einem Dorf und dessen Bürgermeisteramt. Da saß ein Ami lässig auf einem Stuhl, seine Maschinenpistole vor sich auf den Knien und hielt so Wache. So ging es also auch und mit weniger Kraft. In der Stube dudelte im Radio die schönste Jazz-Musik, die bisher für uns verboten war, und nach und nach kamen weitere Gefangene dazu. Dann kam ein Laster, von einem Schwarzen gelenkt, den ich erst einmal anstaunte. Die Fuhre ging ab. Vor dem kleinen Schützenhaus in Pansfelde wurden wir ausgeladen und erlebten, wie die Amis zwei Frauen verdroschen, bis wir mitbekamen, dass es zwei SS-Männer waren, die sich Frauenkleider übergezogen hatten.

Das Schützenhaus hatte die letzte Zeit wohl als Lagerraum gedient, denn es war voll gestellt mit Kisten. Wer auf einer noch einen Sitzplatz ergatterte, konnte froh sein. Natürlich waren wir neugierig auf deren Inhalt. Da aber gab es eine furchtbare Enttäuschung. Alle enthielten Fieberthermometer, nichts als Fieberthermometer, tausende von Stück! Etwas zu essen wäre uns lieber gewesen.

Am nächsten Morgen, dem 24. April, fuhren wieder Lastwagen vor, und wir wurden in das Lager Helfta bei Eisleben verfrachtet. Dort blieben wir bis zum 6. Mai, dann ging es über das Lager Hersfeld nach Bibelsheim bei Bad Kreuznach.

Ich hatte unendlich viel Glück gehabt in diesen letzten Kriegstagen. Nicht einen einzigen Schuss hatte ich abgeben müssen, während der Tod in diesen Tagen noch reichliche unnötige Ernte hielt.

Natürlich habe ich mir das alles nur deshalb so gut gemerkt, weil es eben kurz war. Auch meine wenigen Kalender-Eintragungen, die mir heute noch vorliegen, verhalfen dazu.[28]

Der Weg von Döberitz bis in die Kriegsgefangenschaft im Harz

2. April 1945.

Der Lehrgang an der Unteroffiziers-Schule Ruinenburg wurde beendet. Alle Lehrgangsteilnehmer wurden zu Fahnenjunker (ROB) befördert. Unsere Ausbilder verabschiedeten sich von uns, und wir marschierten zum etwa 30 Kilometer entfernten Döberitz. Ankunft 22.30 Uhr und Unterbringung im Olympiadorf „Altes Lager“, Reitstall 12.

3. April 1945.

Überführung nach Döberitz-Elsgrund. Am gleichen Tag erfolgte die Bildung/Aufstellung der „Division Potsdam“. Ich gehöre zum 1. Bataillon des 2. Grenadierregiments, 1. Kompanie, 1. Zug. Der Regimentskommandeur war Ritterkreuzträger Oberst Fritz Grassau, mein Bataillonskommandeur Hauptmann Ditgens, sein Adjutant Leutnant Bitterlich. Mein Kompanieführer war Oberleutnant Keßner und der Zugführer Oberleutnant Oppelt.

4. April 1945.

Ende der Aufstellung.

5. April bis 7. April 1945.

Gefechtsausbildung: Angriff – Marschsicherung – Hereintröpfeln – Schulgefechtsschießen. Ich gehöre ab sofort zum „Ersatztruppenteil G.E. und A. Btl. 309, Berlin-Spandau, Erkennungsmarke: 10 77 13 42 / A.“

8. April 1945.

Große Feierstunde – Namensgebung – Herstellung der Abmarschbereitschaft. Vorträge des Divisions- und Bataillonskommandeurs. „Der erste Einsatz“ und „Vor dem Sturmangriff.“

9. April 1945.

Panzerfaust-Schießen auf dem Truppenübungsplatz. Ziel ein T-34 Wrack und Handgranaten-Zielwerfen. Abmarschbereitschaft.

10. April 1945.

2.30 Uhr Alarm! Plötzliches Wecken und um 3.00 Uhr Abmarsch zum Verladebahnhof. Um 8.30 Uhr Verladung unseres Bataillons auf dem Bahnhof Dallgow-Döberitz. 16.30 Uhr durchfahren wir Belzig, später Barby/Elbe und Calbe/Saale (West)

11. April 1945.

Güsten, Aschersleben – meine Schulstadt – ich erkenne sogar den Aufsichtsbeamten sofort wieder und unterhalte mich mit diesem. Ich übernehme nun freiwillig Wache und bin auf dem letzten Waggon des Zuges. Fahren wir etwa durch meinen Heimatort „Gatersleben“? Ich schreibe schnell noch einen Brief an meine Eltern! Nächste Station „Frose/Anhalt“ – wir haben keine Einfahrt. Plötzlich. Anflug einer amerikanischen „Lockheed Lightning“, einem leichten Kampfflugzeug, Jagdeinsitzer und Bildaufklärer, aus Richtung Ballenstedt, direkt auf uns im Tiefflug. (Ich erkenne dieses Kampfflugzeug noch vom Flugzeugerkennungsdienst als Marinehelfer in Ramhusen/Dithmarschen.)

Wir werden nicht angegriffen. Es handelt sich wahrscheinlich nur um eine Bildaufklärung. Ich bin sicherheitshalber sofort vom Waggon gesprungen und habe hinter dem Bahndamm Deckung genommen, denn die Panjewagen waren schwer mit Munition beladen.

Um 9.00 Uhr fahren wir mit unserem Truppentransportzug durch meinen Heimatort „Gatersleben" – was für ein Gefühl. Ich sehe während der flotten Durchfahrt Frau Minna Dünnhaupt, geb. Heinze – sie hat Dienst an der Sperre – ich werfe ihr den vorbereiteten Brief an meine Eltern zu. Den Brief hatte ich mit einem Schotterstein vom Bahndamm Frose beschwert – fast hätte ich Frau Dünnhaupt getroffen! Sie hat diesen Brief sofort zu meinen Eltern getragen.

Nun halten wir an jedem Signal. Wir kommen nur schwer voran. In Wegeleben kommen wir überhaupt nicht mehr weiter – es sollte in Richtung Halberstadt nach Goslar gehen, das hatten wir inzwischen erfahren. Die Verbindung war sicher noch durch den schweren Bombenangriff auf Halberstadt am 8. April 1945 gestört. Ein Luftwaffenoffizier, der mit dem Fahrrad radelnd entlang des Bahndammes aus Richtung Halberstadt kam, wollte wissen, dass Halberstadt bereits von Amerikanern besetzt sei. Auf diese Nachricht hin wurde unser Zug in Wegeleben umrangiert, und wir fuhren nun in Richtung Quedlinburg und trafen gegen 12.00 Uhr in Thale/Harz ein. Es erfolgte nun die Entladung und der Marsch in die Bereitschaftsstellung. Während des Ausladens auf dem Thalenser Güterbahnhof wurden wir von einem starken amerikanischen Bomberverband überflogen. Unsere Devise während des Überfluges war – Ruhe – Ruhe – nur keine Panik – nur keine Hektik zeigen. Uns überflogen mir sehr wohl bekannte Kampfflugzeuge in etwa 4.000 Meter Höhe vom Typ Boeing „Fortress II".

In der Nacht vom 11. zum 12. April sind wir dann nach Wienrode marschiert und dort in Quartier gegangen. Abmarsch nach Timmenrode.

12. April 1945.

Wir hatten zwar unser Ziel nicht ganz erreicht, waren jedoch bis zur „Festung Harz", die wir mit anderen Einheiten bilden sollten, vorgestoßen. Vormittags sind wir dann von Timmenrode über das Vorwerk Helsungen zu den Rönne Bergen bei Braunschweig-Börnecke marschiert und dort in Stellung gegangen. Wir gruben uns ein, haben Schützenlöcher, Bunker und Unterstände gebaut.

Während eines Spähtruppunternehmens in der Nacht zum Dorf Börnecke – das Dorf war bereits von amerikanischen Truppen besetzt – fiel mein Freund, der 3. Melder, der Fahnenjunker-Grenadier (ROB) Joachim Schreck aus Berlin.

Wir selbst machten drei amerikanische Gefangene der 83. amerikanischen Infanterie-Division.

Wir haben unseren Gefallenen, Joachim Schreck, auf dem Friedhof in Timmenrode beerdigt. Er war der erste Gefallene des Bataillons.

13. April 1945.

Der Zuggefechtsstand wurde von uns besser ausgebaut. Wir rechneten mit einem Angriff der Amerikaner. Nachmittags Spähtruppunternehmen – ein Oberleutnant mit zwei Mann, ich bin dabei – zum Bahnhof Börnecke. Nach allen Seiten sichernd dringen wir bis zum Bahndamm. Auf dem Bahnhof treffen wir nur die Bahnhofs-Wirtsleute an.

14. April 1945:

Wechselstellung südlich vom Bahnhof Börnecke im Wald. Weiterer Stellungsbau. Spähtruppunternehmen nach Börnecke mit Fahnenjunker-Unteroffizier Schulze. Einen Sherman-Panzer und einen Schützenpanzerwagen vernichtet.

15. April 1945:

Stellungsbau. Drei-Mann-Spähtrupp. Einen PKW mit Fahrer (Ami), der nach Halberstadt wollte, erbeutet. Dafür EK II erhalten.

16. April 1945:

Wir werden aus der Kampflinie herausgenommen und gehen bei Altenbrak in Ruhestellung

17. April 1945:

Bei Altenbrak in Stellung. Über den Harz geht am Abend ein schweres Gewitter nieder. Unser Zug sucht Schutz in einem Kohlenmeiler, der links der Straße Altenbrak–Stiege liegt. Es wird nur ein Posten zur Sicherung aufgestellt, da der 1. Zug in Bereitschaft liegt. So vergeht eine nasse, schlaflose Nacht.

18. April 1945:

Gegen Morgen, es mag 4.00 Uhr gewesen sein, näher kommendes, verstärktes Schießen von Maschinenwaffen im Wald. Der Ami? Der 1. Zug geht sofort in Stellung auf der Straßenseite am Kohlenmeiler mit Schussfeld über die Straße zum gegenüberliegenden Waldstück. Vom Feind ist nichts mehr zu hören, das Feuer ist verstummt. Langsam schleichen die Minuten. Der Zugführer, ein Oberleutnant der Luftwaffe, geht mit dem Zugmelder Grenadier Hüttemann zum Kompaniegefechtsstand, er will unsere genaue Lage und die Lage des Feindes, der Amis, ermitteln.

Der Morgennebel steigt und verdichtet sich immer mehr. Die Sicht beträgt kaum 30 Meter. Wir liegen sehr ungünstig. Der Ami ist durch die Bäume und durch den Nebel gedeckt. Wir liegen auf offener Wiese, wie auf dem Präsentierteller. Ob es gut geht? Plötzlich tauchen vor uns dunkle Gestalten auf. Der Ami! Wir sind alle sehr überrascht, wodurch er Zeit gewinnt. Er drückt auf alle Knöpfe, dass es nur so rauscht. Auf der Straße von Stiege sind außerdem zwei Sherman-Panzer im Anrol-

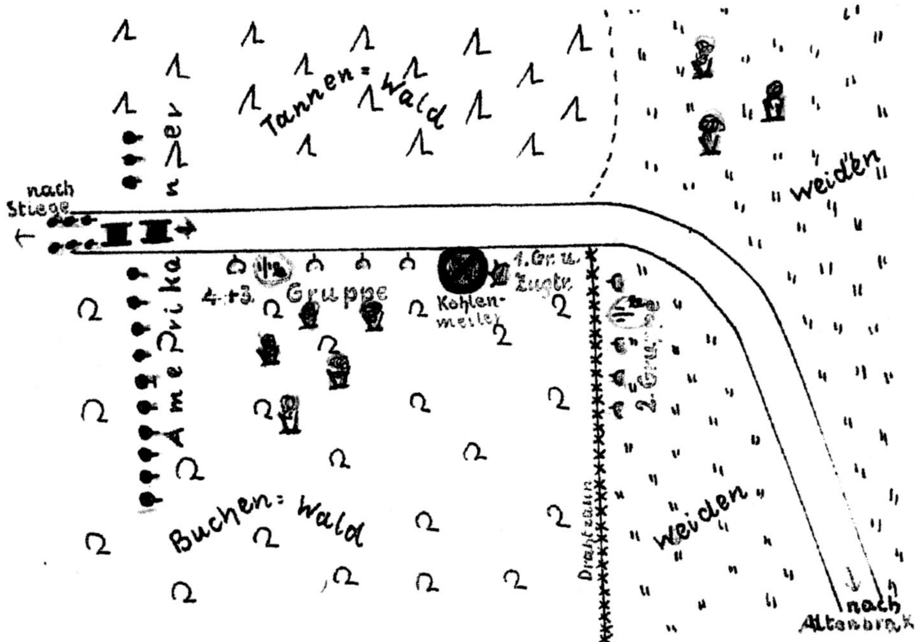

Zeichnerische Darstellung der Stellungen von Gruppen des Zuges.

len. Das soll unsere Vernichtung werden. Wir werden zusammengeschossen, unser Zug hat schwerste Verluste. Eine Gruppe wird niedergemäht, die anderen haben hohe Ausfälle. Ich liege mit dem Zugtruppführer, zwei Gruppenführern und sechs Mann hinter dem Kohlenmeiler. Er ist die einzige Deckung, doch auch hier soll es nicht sicher sein. Wir werden umgangen und genauso wie meine anderen Kameraden erbarmungslos zusammengeschossen. Ich habe es längst aufgegeben zu schießen und die Nase im Dreck. Rings um uns zischen die Geschosse. Links von mir ein Schrei, mein Zugtruppführer, Jochen Voigt, im Rücken verletzt. Rechts von mir ein Wimmern, der Gruppenführer der 1. Gruppe, Werner Hohmfeldt, hat einen Bauchschuss bekommen, er ist sofort tot. Weitere drei Männer werden noch verwundet. Es ist grausam anzusehen.

Die Lage wird immer kritischer, das Feuer wird stärker. Die Lage ist für uns hoffnungslos, wir sind umgangen worden, und um nicht ganz vernichtet zu werden, müssen wir uns ergeben. Ich kann als einziger Englisch und rufe darum hinüber: „Stop firing, we are all wounded." Die Amis stellen sofort das Feuer ein und fordern uns auf, hinüber zu kommen. Wir laufen mit erhobenen Händen hinüber, wir sind höchstens noch zehn Mann einschließlich der Leichtverwundeten vom ersten Zug. Wir laufen an den Panzern und den in Schützenreihe vorgehenden Gruppen, die uns mit ihren Waffen bedrohen und nach uns treten, vorbei. 50 Meter weiter werden wir angehalten und ausgeplündert, Uhren, Ringe und andere Schmucksachen werden geraubt. Anschließend werden wir in Autos verladen und nach Stiege in Gefangenschaft abtransportiert. Der Krieg ist für uns beendet. Ich bin froh, so gut davongekommen zu sein.

19. April 1945:

Im Durchgangsgefangenenlager Volkmarsen Regierungsbezirk Kasssel an der Twiste.

20. April 1945:

Im Autotransport, je 100 Mann, nach 14 Stunden Fahrt nach Remagen gebracht.

21. April 1945:

Im Kriegsgefangenenlager Remagen, Bezirk Koblenz, links am Rhein. Stärke des Camps 280.000 bis 300.000 deutsche Kriegsgefangene.

2. Juli 1945:

16.30 Uhr wieder in Gatersleben – endlich geschafft.[29]

Meine Erlebnisse bei der Division Potsdam

Für den Gefreiten Günter L. waren die Kämpfe im Harz vergeblicher Widerstand. Auf Schleichwegen gelang es ihm, nach Hause, zu seinem Heimatort Ilsenburg, zu gelangen.

Der Fähnrichlehrgang in Paaren wurde am 20. März unterbrochen. Wir wurden nach Fürstenwalde/Spree verladen und auswärts der Stadt in der sogenannten Rauenschen Ziegelei untergebracht. Danach erfolgte der Rückmarsch. Es gab keinen Kampfeinsatz. Wir durften nicht in die Stadt, weil dort schon Frontgebiet war.

Frankfurt/Oder war nicht weit weg, und der Russe hatte schon einige Brückenköpfe auf dem westlichen Ufer der Oder, und ich bin trotzdem mit zwei Mann abends an SS-Kasernen vorbei in die Stadt und zwar ins Kino, denn dort lief ein Film mit dem italienischen Tenor Gigli, und auf den stand ich, denn man hatte ihn auch als Nachfolger von Caruso bezeichnet. Wenn man uns gefasst hätte, wir hatten nichts Schriftliches in der Hand, wären wir schon das erste Mal „fällig“ gewesen.

Es folgte dann die Rückführung des Lehrgangs mit Unterbrechung in Bindow etwa 30 km von Fürstenwalde. Dort wurden drei Kameraden und ich zum Gefreiten befördert. Den Grund, warum wir vorgezogen wurden, weiß ich nicht. Ich weiß nur, dass unser Oberleutnant Willi Weiß es mit dem Singen hatte und von uns verlangte, nach der Beförderung kräftig zu singen. Einen Tag später in Dahlwitz, wo wir übernachteten, schiss er mich zusammen, weil ich den Gefreitenwinkel noch nicht anmontiert hatte.

Von Dahlwitz sind wir dann nach Potsdam marschiert und zwar zur Unteroffiziersschule auf dem Ruinenberg. Sämtliche Waffen abgegeben, unsere Offiziere verabschiedeten sich, und mich hat man dann vermutlich über Oberleutnant Weiß vergattert, 200 Soldaten in Richtung Döberitz-Dallgow zu führen. Dort sind wir am späten Abend angekommen. Ich habe bei einem Oberst, mit Eichenlaub dekoriert, Meldung gemacht. 1997 habe ich erst erfahren, dass das Erich Lorenz war, der Kommandeur der Infanterie-Division Potsdam.

Ich wurde in einen neu aufgestellten Radfahrzug eingegliedert und bekam eine italienische Maschinenpistole und 20 Schuss, zwei 10er Magazine, das ist heute noch in meinem Soldbuch eingetragen. Damit war unter dem Strich nichts anzufangen. Ich habe in den Lagerhallen des Kasernenkomplexes Döberitz riesige Stapel von nagelneuen Sturmgewehren 44 und alles, was sonst noch auf dem deutschen Markt damals vorhanden war, gesehen. Damit wurden die Regimenter ausgerüstet. Der italienischen Maschinenpistole habe ich mich im Harz sehr schnell entledigt.

Mein Auftrag war es, Geschütze mit Lafette vom alten Lager 4 km entfernt zu holen. Dafür bekam ich drei oder vier ältere Soldaten mit, die sich mit Pferden verstanden. Ich bin geritten, weil wir einen 65 km Marsch von Potsdam hinter uns hatten. Das machte aber große Probleme, denn so ein Pferderücken ohne Sattel ist messerscharf, und man musste mich vom Pferd heben. Diese Geschütze waren nicht motorisiert. Ich sah auch, dass schwere Granatwerfer für das Regiment vorhanden waren, allerdings nur mit sieben oder acht Schuss Munition je Werfer.

Dann war ich Regimentseinweiser, als nachts die Verladung am Bahnhof Satzkorn erfolgte.

Man gab mir den Befehl, alle vorbeimarschierenden Truppen, das waren einige, nach der Spitze des Regiments „Potsdam 2“ zu fragen. Als ich die dann hatte, bin ich mit dem Fahrrad, übrigens auch nagelneu in Döbritz aus der Verpackung gelöst, nach Satzkorn gefahren. Nach der Abfahrt gab es unterwegs noch einen Aufenthalt, der wurde genutzt, um ältere Soldaten im Panzerfaustschießen zu unterrichten. Gelandet sind wir in Güsten. Dort stand ein Zug mit 98 %igem Alkohol. Kameraden von mir haben einen 20-Liter-Kanister abgezweigt. Der Alkohol wurde mit Himbeersaft verdünnt, und wir brauchten zwei bis drei Stunden Pause, bis wir wieder hochkamen.

Auf dem Schulhof in Güsten wurden Panzerfäuste ausgegeben, immer drei Stück in einer Lattenkiste. Da man in Deutschland war, lag auch eine Beschreibung mit in der Kiste. Jeder hatte zwei Panzerfäuste zu nehmen, eine über den Rücken, die andere an der Fahrradstange, dann ging es in Richtung Westen. Ausgangs Güsten und in den Dörfern hatte ich wiederholt gesehen, dass die Leute uns zuwinkten. Ich glaube, die hatten noch Hoffnung auf den „Endsieg“, als sie unsere große Marschkolonne sahen.

Wir wurden informiert, dass wir zusammen mit zwei anderen Divisionen zur Harzverteidigung eingesetzt werden sollten. Im Harz hatten wir dann zwei Tage Privatquartier in Wienrode bei einer Familie Pieper. Geschlafen wurde hinten in einem Stallgebäude auf Stroh mit sieben Kameraden. Bei unserem ersten Einsatz ging es nach Quedlinburg zur Kommandantur. Chef des Zuges war ein Oberfeldwebel. Die Fahrt nach Quedlinburg zum Kampfkommandanten erfolgte auf Befehl von Oberst Grassau, der seinen Befehlsstand in Wienrode in einem mit Brettern verkleideten Haus hatte.

Wir kamen zum Kampfkommandanten und warteten vor der Tür. Der Oberfeldwebel marschierte rein und übergab eine Nachricht. Diesen Kuriergang machten wir später noch zwei oder drei Mal.

Als wir das letzte Mal in Quedlinburg waren, haben wir schon amerikanische Panzer in Richtung Westerhausen gesehen, die uns aber in Frieden ließen. Unser Oberfeldwebel sah sie mit dem Fernglas, sie uns sicher ebenso. In Quedlinburg trafen wir zwei zehnjährige Jungen, die Kaugummi kauten und uns erzählten: In Westerhausen, sechs Kilometer entfernt, ist schon der Amerikaner!

Als wir die Fahrräder den Berg nach Almsfeld zum neuen Befehlsstand hochschoben, sah ich am Abhang der Straße ein totes Pferd liegen, also musste sich hier schon einiges abgespielt haben. Außerdem waren die Felsen am Straßenrand mit blauen Zündschnüren versehen, um die Straße zu sprengen. Auf der Baustelle der Rappbodetalsperre sah ich zum ersten Mal das Tal der Rappbode, die Kabelkrananlage stand bereits. An beiden Bergflanken war der Berg bereits angekratzt (Baubeginn 1938, Einstellung 1942 aus Kriegsgründen. In der DDR wurde das Projekt wieder aufgegriffen. Grundsteinlegung am 1. September 1952, und am 3. Oktober 1959 wurde die Talsperre ihrer Bestimmung übergeben).

Es folgte dann ein Spähtruppunternehmen nach Trautenstein im Oberharz. Wir fuhren bodeaufwärts und in Höhe der heutigen Vorsperre bekam ich den Befehl, zurückzufahren und dem Regimentskommandeur zu berichten: „Bis hier keine Feindberührung.“ Wir sollten uns nicht auf Gefechte einlassen und nur schauen, wo die amerikanischen Panzer sind.

Auf dem Rückweg wurde ich aus einem Gebüsch heraus angerufen und heraus kam ein Oberstleutnant mit zwei Zivilisten, die waren am Stiftengehen. Wir unterhielten uns über die Feindlage, und ich fuhr weiter und machte meine Meldung. Danach kam ich noch mit einem Ehepaar ins Gespräch, das ganz verzweifelt war, überall Soldaten, bald kann der Amerikaner kommen, was soll aus Deutschland werden. Wir wurden dann runter nach Wienrode verlegt, die Kreuzung von der Tal-

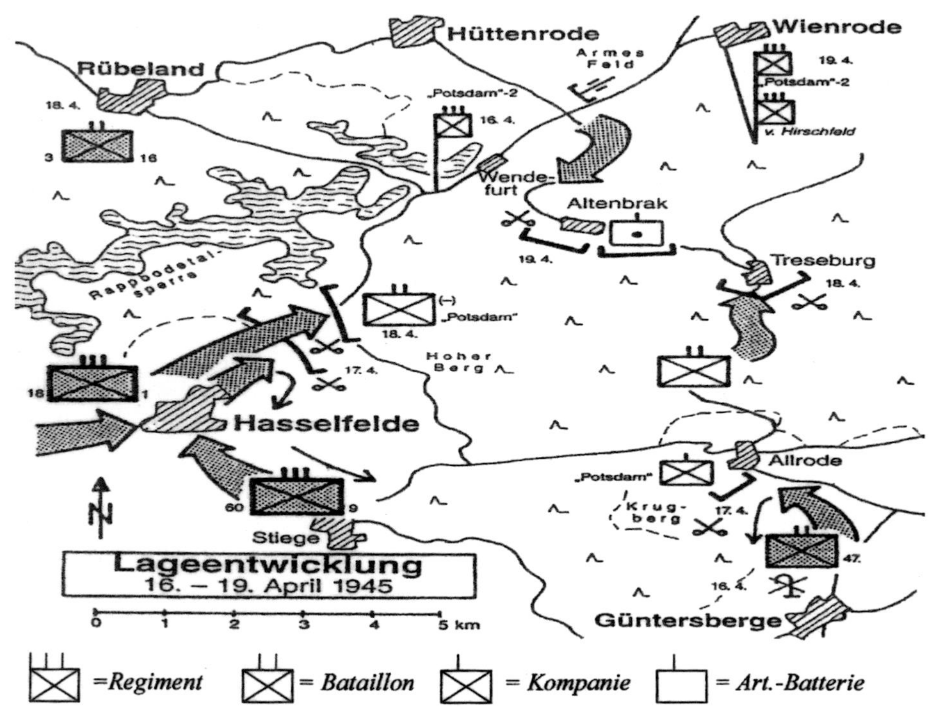

weiße Zeichen: Deutsche, dunkle Zeichen: Amerikaner. Quelle: Saft, Krieg in der Heimat.

Kampfgebiet der Division Potsdam 2 unter Oberst Grassau.
Quelle: Saft, Krieg in der Heimat.

sperrenstraße zur R 81 war bewaldet und lag unter sporadischem Artilleriefeuer. Dort lagen aber Fleischbüchsen und andere Lebensmittel zu Hauf und jeder nahm in seiner Gasmaskenbüchse zwei Fleischbüchsen mit.

Die Nacht haben wir in Wendefurth geschlafen, in einer Art Scheune und in der zweiten Nacht in der Veranda einer Gaststätte unmittelbar an der R 81. Dort waren sehr viele Soldaten, wohin sie gehörten, wussten sie wahrscheinlich selbst nicht. Es waren auch Hitlerjungen dabei, und von einem Unteroffizier hörte ich: „Das sind tapfere Jungen, die haben einige amerikanische Panzer abgeschossen!"

Unsere letzte Station war dann ein Hohlweg, von der Straße nach Blankenburg abgehend, da haben wir eine Nacht geschlafen, unter Artilleriefeuer, und dann kam der 19. April 1945. Gegen Mittag gab es den Befehl: „Spähtrupp, wo ist der Ami?"

Wir gingen also ohne die Räder hoch zur Kreuzung nach Almsfeld, an einer 7,5-cm-Pak vorbei, die dort auf der Kreuzung stand. Dort trennte sich die Gruppe, die eine in Richtung Hüttenrode, wir gingen in Richtung Wendefurth und trafen nach einigen hundert Metern auf einen dünnen Schützenschleier hinter den Klippen, ca. acht bis zehn Landser. Der Ami schoss wiederholt, es gab Querschläger, aber es wurde niemand verletzt. Ich kriegte den guten Rat, mich schnell von dem Fallschirmjägerstahlhelm zu trennen, den ich mir besorgt hatte, weil er bequemer zu tragen war. Gegenüber von Wendefurth würden amerikanische Truppen liegen, die in Italien am Monte Cassino von deutschen Fallschirmjägern Dresche gekriegt hatten und auf Fallschirmjäger schlecht zu sprechen wären.

Wir hörten dann Infanteriefeuer aus Richtung Hüttenrode, wo der andere Teil des Spähtrupps war. Er war am Waldrand nach Hüttenrode beschossen worden und hatte sich zurückgezogen. In der Nähe der Kreuzung sprachen wir dann noch mit den Soldaten an der Pak, sie hatten ein vorzügliches Schussfeld genau auf die Kreuzung. Als ich 1947 nach Altenbrak kam, erzählte man mir, dass die beiden dort gefallen sind und auch an der Straße dort begraben wurden.

Als wir dort standen, kam plötzlich Oberst Grassau mit Adjutant in einem Kübelwagen vorbei. Sie fuhren in Richtung Altenbrak. Wir waren alle der Meinung, dass sich der Regimentskommandeur in diesem Moment absetzt. Erst viele Jahre später erfuhr ich, dass bei Altenbrak auf den Bodewiesen noch Kompanien des Regiments lagen.

Von Almsfeld aus sah ich Luftangriffe von Mustang-Maschinen P 51 auf Ziele im Raum Elbingerode-Rübeland. Mehrere Maschinen flogen kreisförmig um ein Ziel und griffen abwechselnd im Sturzflug an.

Am 19. April abends hieß es: „Goebbels spricht.“ Wie wir in Erfahrung brachten, kam von Berlin nicht die geringste Friedensbereitschaft, vielmehr wurden die von Goebbels fabrizierten Durchhalteparolen weiterhin propagiert. Danach gibt es weitere Befehle. Nach 23.00 Uhr sind wir dann aus unserem Hohlweg mit den Fahrrädern nach Wienrode gefahren, dort war der Teufel los. Alles lief durcheinander, unser Zugführer, der Oberfeldwebel, kam bereits in Zivil. Von einem Vertreter des Kommandeurs bekamen wir die Erlaubnis, die Waffen abzulegen und in Gefangenschaft zu gehen oder uns in die Heimatorte durchzuschlagen oder in Richtung Brocken zu gehen, dort wurde noch gekämpft.

Wir haben dann überlegt und sind dann zu fünf Mann mit den Fahrrädern aufgebrochen, vielleicht um halb eins. In Cattenstedt war auf der rechten Seite eine Bäckerei, wo wir nach Brot fragten. Wir hatten Fleischbüchsen, sie fragten aber nach Schnaps, den hatten wir. Dann kam anhaltendes Infanteriefeuer am Dorfeingang Richtung Harz auf. Wir setzten uns ab, zwei von uns saßen auf dem Lokus mit Durchfall. Die warm gemachten Schmalzfleischbüchsen waren ihnen nicht bekommen.

Am Straßendreieck nach Timmenrode war ein Gehöft mit einer großen Scheune, dort wollten wir übernachten. Als wir das Tor aufschoben, fanden wir alles voll

Soldaten, kein Platz mehr. Wir ließen die Fahrräder am Fuß der Teufelsmauer stehen, kletterten hoch auf den Kammweg, rüber auf die andere Seite in ein kleines Gebüsch und übernachteten dort. Am anderen Morgen wurden wir durch Geschützfeuer geweckt, und in Blankenburg gab es Einschläge. Die Blankenburg zugewandte Spitze der Teufelsmauer war mit Sandsäcken und natürlichen Klippen zu einem Maschinengewehrnest umgebaut worden, ca. sechs bis sieben Soldaten setzten sich gerade ab. Wir sahen, dass Blankenburg in dem uns sichtbaren Teil gerade von amerikanischen Panzern umstellt wurde, dahinter Mannschaftstransportwagen, die langsam vorrückten. In Blankenburg wurden weiße Fahnen rausgehängt. Etwa eine Stunde nach der Besetzung von Blankenburg fuhren amerikanische Jeeps auf den Straßen Richtung Timmenrode und auf der Nordseite der Teufelsmauer Richtung Helsungen und forderten über Lautsprecher in deutscher Sprache alle Soldaten auf, sich zu ergeben. Es waren hunderte, die von der Teufelsmauer ohne Waffen herunterkamen. Wir berieten und waren dann der Ansicht: Erstmal alles vorüberlassen und morgen weiter sehen. Wir schliefen erneut im Gebüsch.

Am anderen Morgen sind wir dann runter auf dem Weg nach Helsungen, wo wir an der Seite im Graben einen Sanitätskraftwagen der Wehrmacht fanden. Er war hinten offen und voll mit Hemden, Unterhosen, Socken und blauem Drillichzeug. Wir zogen uns um, behielten jedoch die Waffen und marschierten die Straße von Helsungen in Richtung Westen. Ich wollte nach Ilsenburg, die anderen zum Brocken. Kurz vor der Chaussee R 6 volle Deckung, denn ein Jeep mit zwei Mann kam uns entgegen. Danach folgten Panzer und Mannschaftswagen ohne Ende, und es dauerte über eine Stunde, ehe sie durch waren.

Als die Panzer vorüber waren, sind wir im Sprung über die R 6 in einen Schrebergarten, wo ein ausgedienter Waggon der Reichsbahn stand, der zum Unterstellen der Gartengeräte diente. Dort verbrachten wir die zweite Nacht zum 22. April 1945. Morgens, ganz früh, stand auf einmal der Ami in der Hütte. Ich war sofort hoch, aber er machte eine beruhigende Geste und kippte nur die Rucksäcke aus und hat nur einen Finndolch mitgenommen, den ich einmal unterwegs aufgesammelt hatte. Unsere Waffen und Munition hatten wir „Gott sei dank“ unter dem Stroh versteckt. Wir sind dann sofort weiter in das Waldstück nördlich des Regensteins.

Dort kamen wir mitten im Wald in eine verlassene Volkssturmstellung, in der aber schon der Ami gewesen sein muss, denn wir fanden amerikanische Rationspäckchen, Verpflegung und Chesterfield, die sehr stark waren. Nach einigen Zügen mussten wir uns am Baum festhalten, wir waren wie besoffen.

Dann ging es weiter durch den Wald, teilweise über freies Feld bis Derenburg, bis wir den Erzbunker am Bahnhof Minsleben sehen konnten. Am Waldrand machten wir den Esbitkocher klar und wärmten eine Büchse an. Von einem Zivilisten hörten wir, dass das Eichholz bei Ilsenburg voller Panzer stecken sollte, eine der Parolen, von der man nicht wusste, stimmt es oder nicht.

Wir sind dann nördlich an Wernigerode vorbei bis zum Wartberg bei Ilsenburg. Ich wusste, dass in den zwei Meter hohen Bäumen dort ein Hochstand vom Luftschutz mit Telefon war, der bei Fliegeralarm besetzt wurde. Die Belegschaft des Walzwerkes musste bei Alarm in dieses Waldstück, da kein Bunker vorhanden war. In diesen Hochstand sind wir rein, ich war sehr müde. Aber meine Kumpels verlangten, dass ich als Ortskundiger nach Ilsenburg gehen sollte, die Lage peilen. Einer von ihnen wollte nach Sangerhausen, der andere in den Taunus.

Unsere Waffen hatten wir immer noch bei uns. Ich machte den beiden eine Grobskizze vom Harz und gab sie ihnen, dann robbte ich vorsichtig in Richtung Eichholz, fand dort aber keine Panzer. Die müsste man unter den hohen Bäumen sehen. Im Laufschritt ging es dann zum Bahnwärterhäuschen und trommelte dort am Tor. Den Bahnwärter kannte ich, und er öffnete auch sofort. Er warnte mich: „Um Gottes Willen, sieh dich vor, die schießen sofort, und Ausgang ist von 9.00 bis 18.00 Uhr.“ Ich bin dann weiter in einen Hohlweg Richtung Friedhof und sah auf die Straße. Am ehemaligen Lebensmittelgeschäft sah ich einen amerikanischen Panzer, und zwei Amis kamen langsam die Straße runter. Ich ging wieder in Deckung und wartete. Als sich die beiden mit dem Anzünden eines Feuers beschäftigten, sprang ich über die Straße zu unserer Gartentür, klopfte an der Verandatür, und mein Schwiegervater zog mich schnell in die Tür. Alles was ich anhatte, wurde verbrannt, nur meine Soldatenmütze habe ich noch behalten. Am anderen Tag ging ich in Feuerwehruniform in die Post, wurde aber von einem Ami angehalten, der einen Soldaten vermutete. Ich redete mich aber heraus, ich wäre Hilfspolizist, was der mir auch glaubte. Mit meinem Vater ging ich dann hoch ins Lazarett zum Chefarzt Dr. Blick, der übrigens den Amerikanern vor dem Einmarsch entgegen ging und die Stadt wegen der vielen Lazarette vor Beschuss bewahrte. Er wurde später Ehrenbürger von Ilsenburg, allerdings erst nach der Wende.

Er sagte, dass alle Verwundeten bereits registriert wären und er mich nicht behandeln könne. Ich wäre sogar bereit gewesen, mir den Blinddarm herausnehmen zu lassen. Ich hörte auch, dass zum Teil die Amerikaner zurückgekehrte Soldaten aus den Häusern holten und vorn auf dem Jeep sitzend in Gefangenschaft transportierten. Er gab mir den Tipp, zum Polizeileutnant Schulz zu gehen. Der wollte erst nicht ran an die Anmeldung, aber er hatte nichts zu rauchen. Ich habe ihm eine Schachtel auch den Tisch gelegt. Das klappte. Er stellte mir dann provisorische Papiere aus. Meine Anmeldung habe ich heute noch. Damit war ich wieder normaler Bürger und hatte auch nach dem Einzug der Russen keine Probleme damit.[30]

Das Ende im Ostharz im April 1945

Der Russe stand an der Oder. Unser ROB-Lehrgang wurde aus dem Raum Fürstenwalde in drei Nachtmärschen, südlich um Berlin herum, über Potsdam nach Döberitz verlegt. Dort kam es zur Neuaufstellung der Division „Potsdam".

Als bereits früher ausgebildeter Funker, kam Siegfried Wenzke zum Regimentsnachrichtenzug der Stabskompanie des Regiments 1054 auch „Potsdam 2" genannt. Auf dem kleinen Bahnhof Satzkorn wurden wir auf einen Güterzug verladen, der uns über Belzig, Wiesenburg, Barby/Elbe nach Güsten/Anhalt brachte, wo wir in der Nacht zum 12. ausgeladen wurden, während das benachbarte Staßfurt, fünf Kilometer entfernt, bereits von Amerikanern besetzt war.

Am Spätnachmittag des gleichen Tages wurden wir mit unserem Gerät auf einem LKW über Aschersleben, Ballenstedt, Gernrode nach Wienrode gebracht, um dort unsere Regimentvermittlung einzurichten. Neben den Feldleitungen stand auch ein gut funktionierendes Posttelefonkabel zur Verfügung. Beim Anschluss dieses Kabels in der Nähe von „Armes Feld", meldete sich beim Anschließen von einer Nebenleitung an das Posttelefonnetz ein Fernamt, dass bei ihnen dort bereits die Amerikaner seinen.

Unsere Funkgeräte benötigten wir aus diesem Grund nicht, so dass wir am Montag, dem 16. April, abends den Regimentsgefechtsstand an der Rappbodetalsperre, deren Bau sich damals im Anfangsstadium befand, verlegten, und ich meinen Posten an der Regimentsvermittlung übernahm. Der Gefechtsstand war im festen Gebäude untergebracht, in dem das Architekten-Baubüro tätig gewesen war. In einer Baracke auf der gegenüberliegenden Straßenseite hatten wir unsere Vermittlung aufgebaut. Hinter diesem Gebäude befand sich ein mit Schotter bereits befestigter steiler Abgrund, der unten in einem herrlichen Wiesental mündete, auf welchem friedlich eine Kuhherde weidete.

Am 18. April wurde der Befehl zur Aufgabe von Elbingerode erteilt und etwas später auch der von Rübeland. Den ganzen Tag über hatten Tiefflieger die Verkehrswege unsicher gemacht. Überall sah man schwarze Rauchwolken von brennenden Fahrzeugen aufsteigen. Gegen Mittag wurde der Pionierzug vorgeschickt, um den Gegner aus Richtung Hasselfelde aufzuhalten. Etwas später kamen versprengte Reste dieser Einsatztruppe von dort mit der Mitteilung zurück, der Zugführer sei gefallen.

Bei Anbruch der Helligkeit, am Donnerstag, dem 19. April, wurde unsere Vermittlung aufgelöst, der Regimentsstab hatte bereits in die Pension Waldesruh, ein Fachwerkhaus, westlich von Wienrode gelegen, verlegt. Wir drei Leutchen waren offenbar die Letzten und zogen mit unserem Gerät, auf einem sogenannten I-Karren, über Wendefurth, Richtung Wienrode. Es war unheimlich, keinem Menschen begegneten wir in dieser morgendlichen Stille. Vermutlich waren uns die Amerika-

Funkgerät im Einsatz.

ner direkt auf den Fersen. Vor dem Ortseingang von Wendefurth, jenseits der Brücke über die Bode, war ein Pak-Geschütz in Stellung gegangen. Wie mir die beiden Kanoniere versicherten, hatten sie nur noch drei Panzergranaten. Offenbar wurde das Pak-Geschütz noch an die Kreuzung „Armes Feld" verlegt, wo von einem aus Wendefurth den Berg hochfahrendem Panzer die Geschützbedienung tödlich getroffen wurde. Von Mittag bis zum Abend war von dieser Stelle MG- und Gewehrfeuer zu hören, da es nur ca. zwei Kilometer vom Ortsrand Wienrode entfernt war.
Am Abend wurde es plötzlich ruhiger. Die Schreibstubenmannschaft wurde noch zwecks Sicherung und Erkundung nach vorn, trotz der Dunkelheit, in den Wald geschickt. Nachdem wir unsere Vermittlung unbrauchbar gemacht hatten, sollten wir uns an der alten Försterei am Rand von Wienrode, wohin der Regimentsgefechtsstand umgezogen war, melden. Dort sagte man uns, dass wir uns nach Hause durchschlagen sollten. Am Nachmittag hörte man noch, wie in Richtung Wienrode Munition gesprengt wurde. Mein Freund und Kriegskamerad hatte uns auf dem Gut Helsungen südöstlich von Blankenburg, wo er beim Bataillon stationiert war, Unterkunft und Zivilkleidung besorgt. Dorthin liefen wir noch im Dunkel der Nacht über Wienrode, Timmenrode und über Bahngleise der Strecke Thale nach Blankenburg, am Fuß des Heidelberges/Teufelsmauer, bis zur Höhe des Gutes und erreichten dieses nach Mitternacht. Es war der 20. April, und wir befanden uns zwischen den Linien. Südlich vom Gut, auf dem erwähnten Gebirgsausläufer, saß die Deutsche Wehrmacht auf der Hügelkette, und südlich von Westerhausen hatten die Amerikaner Propaganda-Lautsprecher aufgestellt und wollten unter Angabe von schönen Versprechungen unsere Truppen zur Übergabe auffordern. Am Nachmittag marschierten sie dann auch mit weißen Fahnen, von Timmenrode herkommend, den Amerikanern entgegen. Daraufhin rollten dann etwa 20 Panzer in Richtung Timmenrode unter Umgehung des Gutes Helsungen. Schüsse waren keine mehr gefallen. Nur am Sonnabend, dem 21. April, gegen Abend, führten Amerikaner auf dem Gut eine Razzia durch und nahmen uns mit. Auch einige uniformierte

deutsche Soldaten, die sich in einer Scheune versteckt hatten, stellten sich, nachdem die Amerikaner in diese Scheune hineingeschossen hatten.

Im offenen LKW ging es in flotter Fahrt nach Blankenburg hinein. Auf dem freien Platz eines Sägewerkes sprach mit uns ein deutsch sprechender Offizier, der uns zum Gut Helsungen wieder zurück schickte. Da wir unseren Wirtsleuten keine Schwierigkeiten machen wollten, brachen wir am 23. April von dort zu Fuß in Richtung Heimat (Berliner Umgebung) auf. In Westerhausen wurden wir von den nächsten Amerikanern aufgegriffen, die alle mitnahmen, wenn sie einen deutschen Soldaten vermuteten. Im Rathaus von Quedlinburg, in einem schönen holzgetäfelten Saal, wurden wir sortiert. Wer keinen Wehrpass besaß, galt als Soldat. Wir kamen alle, nachdem wir zwischendurch recht unsanft in einer Scheune zusammengepfercht wurden, in das erste Lager nach Helfta, nördlich von Eisleben. Von dort ging es in das Lager Bad Hersfeld, danach einen Tag kreuz und quer durch Thüringen bis in eines der Hungerlager von Bad Kreuznach, wo viele starben und ich dort selbst nach schweren Erkrankungen über anschließende Lazarettaufenthalte Mitte September wieder mit 90 Pfund in Babenhausen bei Darmstadt entlassen wurde.

Als Arzthelfer im Bataillons-Hauptverbandsplatz

Als Fahnenjunker-Unteroffizier im Sanitätskorps musste ich einen Offizierslehrgang in der Kriegsschule Dresden absolvieren (12.2.–30.3.1945). Am Karfreitag, dem 30. März 1945, hatten wir in aller Frühe in unserer Ausbildungskompanie Alarm. Ein Teil unserer Leute mussten sich sofort fertig machen. Wir wurden mit einem Sonderzug von Dresden nach dem Truppenübungsplatz Döberitz bei Berlin transportiert. Nach einer ersten Einteilung in der Nacht zum 1. April wurden wir in der Kaserne Döberitz-Elsgrund einquartiert. An den folgenden Tagen wurden wir immer wieder neu eingeteilt, große Hektik herrschte überall. Trotz meiner Unteroffiziersausbildung (ohne jede praktische Erfahrung) wurde ich als Zug-Sanitäter eingeteilt. Am 9. April mussten sich alle abmarschbereit halten. Jeder hatte in den letzten Tagen seine vollständige Ausrüstung erhalten, einschließlich eines Fahrrades. In den frühen Morgenstunden des 10. April ging es dann per Fahrrad zum Verladebahnhof. Wir wurden als Füsilierbataillon der Infanterie-Division Potsdam eingesetzt. Während des Transportes Richtung Westen wurden wir bei Aschersleben durch amerikanische Tiefflieger angegriffen, ohne dass dadurch Verluste eingetreten waren.

Am 11. April war Gernrode das Ziel unseres Eisenbahntransportes. Anschließend ging die Fahrt mit dem Rad durch die herrliche Harzlandschaft. Wir streiften Stecklenberg, Neinstedt, Wienrode und sollten nach Altenbrak. Kurz vor dieser

Ortschaft bestand Panzeralarm. Wir zogen uns nach Thale zurück. Unsere Gruppe musste am Ortseingang, in der Nähe des Friedhofes, die Panzersperre besetzen. Die Freiwache verbrachte ihre Zeit im leer stehenden sicheren Totenraum. In dieser Nacht wurden keine besonderen Vorkommnisse verzeichnet. Am 12. April unternahm unsere Kompanie einen Vorstoß mit unseren Rädern in Richtung Flugplatz Halberstadt. Noch am Vormittag wurden wir dort von den Amerikanern eingeschlossen, und amerikanische Panzer hatten unsere abgestellten Fahrräder völlig vernichtet. Wie sollte es nun weitergehen? Verpflegung hatten wir keine mehr. In der Nacht wagten wir einen Durchbruch, der uns auch gelang. Wir zogen über den kleinen Höhenzug nahe von Börnecke und hatten mit den amerikanischen Besatzern von Börnecke kleine Gefechte.

Am 13. April früh gegen 1.00 Uhr zog sich dann die Kompanie nach Timmenrode zurück. Hier wurde etwas gerastet, anschließend ging der Marsch nach Thale weiter, wo wir die kommende Nacht verbrachten. Hier erfuhren wir vom Tod des amerikanischen Präsidenten Roosevelt.

Nachdem die bei Halberstadt versprengten Kompanieangehörigen wieder eingetroffen waren, zogen wir im Eilmarsch in den frühen Morgenstunden des 14. April durch das Gebirge nach Treseburg. Die Einheit wurde von hier aus zur Besetzung der Straße Stiege-Hasselfelde beordert. Wir hatten uns gerade eingegraben, da erschienen amerikanische Panzer. Hier endete mein erster Fronteinsatz.

Ich wurde als Sanitätsunteroffizier zum Bataillons-Hauptverbandsplatz als Arzthelfer befohlen. Das bisherige medizinische Personal einschließlich Bataillons-Arzt war in Gefangenschaft geraten. In Altenbrak wurde in der Villa Hugo unser Verbandsplatz eingerichtet.

Am Sonntag, dem 15. April, verlegten wir noch in der Nacht unseren Hauptverbandsplatz in das Jagdhaus des Fürsten von Braunschweig, in die sogenannte Windenhütte. Diese lag etwa fünf Kilometer von Altenbrak entfernt in Richtung der Straße Stiege-Hasselfelde (dem Frontverlauf). In den Erdgeschossräumen versorgten wir die Verwundeten, im Obergeschoss hatten wir unser Verbandsmaterial und die Instrumente gelagert. Es dauerte auch nicht lange, so trafen die ersten Verwundeten ein, teils leicht Verletzte, aber auch schwere Fälle. Einige Kameraden mussten wir leider nahe vom Haus begraben.

Am 17. April griffen die amerikanischen Truppen von allen Seiten an, die aber zum Teil von unserem Füsilier-Bataillon zurückgeschlagen wurden.

In der Nacht zum 18. April mussten wir mehrere Verwundete von vorn holen, auch etliche schwer verwundete Soldaten waren dabei. Am Vormittag des 18. verstärkten sich dann die amerikanischen Angriffe. Mit Luftwaffe, Artillerie und Panzerangriffen setzte der Ami uns unter Druck. Fünf Verwundete hatten wir in der Windenhütte versorgt. Sie sollten mit einem Rotkreuz-Kübelwagen ins Lazarett zur weiteren Behandlung transportiert werden. Wenige Minuten von unserem Hauptverbandsplatz Windenhütte entfernt, erhielt unser PKW mehrere Gewehrstöße. Etwa zehn bis zwölf amerikanische Soldaten griffen uns von der rechten Seite an. Mein Fahrer, Obergefreiter Wolfgang Strauch, der neben mir saß, wurde von einer Kugel getroffen und war sofort tot. Es kümmerte die Amis kaum, dass dies ein Verwundetentransport war. Wir mussten die gehbehinderten Kameraden nach Stiege schleppen. Dort wurden sie von einem amerikanischen Sanka übernommen. Ich wurde als Gefangener in Stiege mit unzähligen anderen Soldaten eine Nacht in einer Garage eingepfercht. So endete für mich dieser Krieg! Ich konnte dabei noch dankbar sein, dass ich den letzten Feuerüberfall unverletzt überstanden hatte.

Anmerkung: Die in den Forstorten Finkenhai und Siebenmark (an der Windenhütte) gefallenen 13 deutschen Soldaten wurden wenige Tage später von den Waldarbeitern an Ort und Stelle beerdigt. Die Personalien dieser Gefallenen wurden vom Förster Bollmann registriert und in die Holzkreuze eingeschnitzt.[31]

Potsdam 2 / Regiment 1054. 2. Bataillon

In der Zeitschrift der *Vereinigung Alter Joachimsthaler e.V.* veröffentlichte der junge Soldat und Fahnenjunker-Offizier Helmuth Kern seine Erlebnisse erst in der Division „Potsdam“ und anschießend in der Division „Scharnhorst“, wie er das Kriegsende hautnah miterlebte.

Die letzte deutsche Offensive

Anfang April 1945 – Durch die jungen, in hellem Grün leuchtenden Saatenfelder brauste der lange Transportzug dem Westen zu. Aus den offenen Türen der Güterwagen hingen die Soldaten, alles junge Gesichter. Fast jeder trug die Doppelstreifen des Offiziersbewerbers oder den Balken des Offiziersanwärters auf den Schulterklappen. Das 2. Bataillon des Regiments 1054 der Division „Potsdam“ war auf dem Weg zur Front. In langer Reihe zogen die Güterwagen dahin. Die ersten waren mit Mannschaften besetzt, dann kamen die offenen Wagen mit den Pferdefuhrwerken und unseren Infanteriegeschützen.

Vor kaum drei Tagen waren wir, d.h. sieben Unteroffiziere von der Waffenschule Pilsen, zur Infanterie versetzt und diesem Zuge zugeteilt worden. Wir bildeten eine Geschützbedienung und waren froh, auf diese Weise zusammenbleiben zu können. Wir saßen teils essend, teils Skat spielend oder in reger Unterhaltung im ratternden Güterwagen, und jeder war gespannt, was die nächsten Tage bringen würden. Unsere Division sollte im Harz zusammengestellt werden. Wir befanden uns auf der Fahrt dorthin und hatten inzwischen Calbe (Saale) West hinter uns gelassen. Mit einem Mal verlangsamte die Lokomotive ihre Fahrt, das gleichmäßige Rollen der Räder hörte auf, der Zug ruckte und hielt. Plötzlich kam der Befehl: „Alles aussteigen, Offiziere zum Kommandeur!“ Hauptmann Pichel, unser Bataillonskommandeur und Transportführer erklärte mit wenigen Worten, der feindliche Panzervorstoß sei so weit vorgedrungen, dass wir auf dem Schienenweg keinen Anschluss an die Division bekommen könnten, wir fuhren zum Ausladen zurück nach Calbe und würden versuchen, über Alsleben die Verbindung mit der Division herzustellen. Am Abend ging es zurück. Im unheimlichen Tempo wurde ausgeladen und wurden die Pferde vor die Protzen gespannt. Im Morgengrauen wurde Brumby erreicht.

Da wir mit Panzervorstößen zu rechnen hatten, brachten wir unsere Geschütze in Stellung und gingen dann ins Quartier. Plötzlich wurde Alarm gegeben. Feindliche Panzerspähwagen standen am helllichten Tage vor der Ortschaft. In wenigen Augenblicken waren die Geschütze feuerbereit. Mit hellem Knall verließen die Granaten das Rohr. Äußerlich ruhig und besonnen taten wir unsere Pflicht, wenn gleich so manchem das Herz rascher schlug als sonst, als plötzlich die Ohren das Sirren von MG-Geschossen registrierten, abgeschossene Blätter und Zweige

Auf dem Weg in die neue Stellung.

herunterkamen. Aber anmerken lassen wollte sich keiner etwas. Man zwang sich zur Ruhe – und plötzlich war auch die Furcht verflogen. Das war alles für uns neu. Noch sahen wir den Gegner ja nicht, hörten nur das Pfeifen der Geschosse und das Infanteriefeuer weiter vorn. Plötzlich nach einer Stunde wurde es wieder still. Die Panzerspähwagen hatten abgedreht und verschwanden in westlicher Richtung, nachdem einer durch Volltreffer vernichtet worden war. Erleichtert sahen wir uns an. Die erste, wenn auch leichte Feuertaufe lag hinter uns.

Wir marschierten noch am gleichen Abend aus Brumby ab. Die ganze Nacht hindurch dauerte der Marsch. Am nächsten Morgen erreichten wir Crüchern und marschierten von dort bei hellem Tage weiter nach Frenz bei Köthen. Kaum hatten wir die Geschütze im Garten eines Gehöfts in Stellung gebracht, begann schon die feindliche Artillerie, geleitet von den „lahmen Enten", ihren Aufklärungsflugzeugen, die unseren Marsch unbehindert verfolgt hatten, sich auf uns einzuschießen. Voller Hast buddelten wir uns Löcher. Ich hatte meines gerade halb fertig und wollte den Spaten Klaus, dem „Schützen Zwei", weitergeben, als die erste Salve heran heulte. „Volle Deckung" brüllte der Stellungsunteroffizier. Sekunden später ein ungeheures Krachen und riesiger Druck auf unseren Ohren. Die Salve ging als

Volltreffer in die Stellung. Dann begann ein Höllenkonzert. Salve auf Salve landete bei uns. Dreckklumpen flogen auf unsere Körper. Splitter sirrten um uns herum, schlugen gellend auf unsere Geschütze, splitterten in die Bäume und fanden ihre Opfer. Schreie ertönten. Verwundete suchten fort zu kommen oder wälzten sich hilflos auf dem Boden. Endlich kam eine Feuerpause. Einer rief: „Wer ist verwundet?“ Vom ersten Geschütz mussten zwei davon getragen werden. Bei uns meldete sich Werner. Er hatte einen Splitter im Oberschenkel. Mühsam humpelte er zum Bauernhaus. Nachdem ich festgestellt hatte, dass meine Knochen noch heil waren, richtete ich mich auf und sah mir meine Umgebung an. Zwei, drei Meter vor mir sah ich Klaus liegen. Ein Splitter hatte den Stahlhelm durchbohrt und die Stirn durchschlagen. „Er ist tot“ rief ich leise. „Klaus tot?“ fragte einer, als sagte ich etwas Unfassbares. „Nun helft doch! Fasst mit an“, sagte ich hilflos. Und wir trugen ihn beiseite.

Wir sieben waren seit unserer Rekrutenzeit zusammen gewesen, waren zusammen Gefreite und Unteroffiziere geworden. Und nun beim zweiten Kampftag sollte es schon für zwei von uns vorbei sein? Kaum hatten wir unsere Schützenmulden fertig, als das Höllenkonzert von vorn begann. Als dieser Feuerüberfall vorüber war, befahl der Stellungsunteroffizier: „Alles in den Kartoffelkeller des Bauernhauses!“ Schießen war aus dieser Stellung unmöglich geworden. Wir mussten bis zum Abend warten und dann bei Nacht die Stellung verlassen. Keuchend erreichten wir den Keller. Gerade begann ein neuer Feuerzauber hernieder zu hageln, als der Stellungsunteroffizier plötzlich blass wurde und schwankte. Doch schon hatten wir ihn aufgefangen. Er hatte einen Splitter ins Rückgrat bekommen. Wir verbanden ihn notdürftig. Dann hieß es schon, den Fernsprecher aus der Stellung zu holen und den Draht in den Keller zu verlegen, damit die B.-Stelle weiß, warum wir nicht mehr schießen können. Im Laufschritt rannte ich zur Stellung. Kaum hatte ich den Apparat erreicht, als wieder ein Heulen und darauf ein Bersten und Krachen ertönte. Mein Trommelfell drohte zu zerspringen. Ich warf mich an die Hauswand. Neben mir der tote Klaus wurde hochgerissen und fiel auf mich. Dreckklumpen flogen mir ins Gesicht. Dann wurde wieder alles ruhig.

Schnell befreite ich mich von der Last des auf mir liegenden Körpers, riss den Apparat aus der Wand und eilte mit hastenden Sprüngen unserem Keller zu. Mein toter Kamerad hatte mir das Leben gerettet oder mich zumindest vor der Verwundung bewahrt. Nun hieß es warten auf die Nacht. Im Schutz der Dunkelheit holten wir unsere Geschütze aus dem Gehöft, protzten auf und zogen ab. Zuvor kam die letzte Kameradenpflicht. Eine schlichte Holztafel und seinen Stahlhelm legten wir auf Klaus Grab. Was zählte noch ein Heldengrab unter Millionen. Still marschierten wir durch die Nacht. Und jeder dachte wohl das Gleiche: Noch sind wir Fünf. Wer von uns wird der Nächste sein.

In den Morgenstunden kamen wir in Großpaschleben an, fuhren dort die Geschütze wiederum in einen Hof. Nach reichlichem Verpflegungsempfang, Frontkämpferpäckchen und Schoka-Cola, wollten wir uns gerade schlafen legen, als Panzeralarm gegeben wurde. Bevor wir uns noch fertig machen konnten, standen 14 Panzer vor dem Dorf. Nun begann ein Höllenkonzert. Die Panzer schossen in die Häuser. Steine flogen durch die Luft. Splitter surrten, klatschten an die Dächer. Granaten rissen große Löcher in die Wände. Häuser stürzten zusammen. Hier und da liefen Soldaten geduckt an den Hauswänden entlang. Gewehr- und MG-Feuer knatterte. Durch dieses Chaos bahnten wir uns unseren Weg zum Gutspark. Kaum dort angekommen, legte der Ami ein solches Höllenfeuer in den Park, dass dort ein Einfahren mit unseren Geschützen unmöglich wurde. Wir waren schon froh, unbeschadet aus diesem Park wieder herausgekommen zu sein. Wir suchten, in der Deckung der Gärten weiter zu kommen.

Auf dem Weg über den Kirchhof gerade bei einem großen Holzstoß im Hof eines Hauses angelangt, rief Arno: „Zurück! Hier kommen wir nicht weiter!“ Und es ertönte ein ohrenbetäubender Doppelknall. Mauersteine, Steinsplitter, Mörtel fielen uns auf die Köpfe. Wir pressten uns ganz dicht an die Wand, umgeben von einer Wolke von Ziegelstaub. Durch Staub und Krachen hörte ich Arnos Stimme: „Helmuth! Gert! Wo seid Ihr?“ – „Hier!“, rief ich, so laut ich konnte. Und schon tauchte aus der Staubwolke Arno auf: „Wo ist Gert?“, brüllte er.

Wir liefen zum Holzstoß zurück. Da lag er und stöhnte leise. Schnell wurde er in den Keller des Hauses geschafft. Die eine Granate war auf dem Holzstoß krepiert und hatte ihn schwer erwischt. Aus unzähligen kleinen Wunden floss das Blut. Wir untersuchten ihn, so gut wir konnten. Es schien keine lebensgefährliche Verwundung zu sein. Tragen konnten wir ihn aber nicht. Es wäre eine Quälerei für ihn geworden. So schnell ich konnte, lief ich, unterbrochen durch ewiges Deckungnehmen, Niederkauern und Niederwerfen wegen allzu nah liegender Einschläge, zum Verbandsplatz und holte eine Bahre und zwei Träger. So konnten wir ihn fortschaffen. Schließlich gelang es uns, zu unserem Zug durchzukommen. Es wurde auch höchste Zeit. Die Infanterie hatte sich bereits abgesetzt.

Wir rückten ab, riskierten aber, als ein Pferd durch Granatsplitter verletzt wurde, einen unserer Munitionswagen zu verlieren. Ich blieb mit dem Wagen zurück – keine angenehme Situation so zwischen den Fronten – bis sie mit zwei Pferden zum Entsatz kamen. So gelang es tatsächlich, den Munitionswagen zu retten. Wie wichtig dies war, sollten wir später erst recht erkennen, denn von Munitionsnachschub konnte in den letzten traurigen Tagen der deutschen Wehrmacht nicht mehr die Rede sein.

Vom stolzen 2. Bataillon waren noch knapp 30 Mann übrig. Der leichte Geschützzug zählte noch zwölf Mann. Die Bedienung des ersten Geschützes fehlte

Gedenkstein auf dem Friedhof Großpaschleben, mit 20 Namen von Gefallenen der Division Potsdam.

vollständig. Nach einigen Rätseln, wo die Leute denn geblieben seien, ging uns ein Talglicht auf: Die Sorte von Kameraden hatte es vorgezogen, in den Kellern Großpaschlebens sitzen zu bleiben und so dem Ami mehr oder weniger billig in die Hände zu fallen. Auch fehlte mir zu diesem Zeitpunkt für solche, wie ich damals meinte, feige und erbärmliche Haltung jedes Verständnis, ließ aber die Einsicht dämmern, dass das Frontheer nunmehr endgültig geschlagen war, die Truppe sich aufgegeben hatte, obwohl noch Tage später an der Ostfront gegenüber den Russen mit Heldenmut Widerstand geleistet wurde.

Nun, wir holten die Reste der 6. Kompanie, noch fünf Mann, in unseren Zug und die Bedienungen standen wieder feuerbereit. Ich wurde zum Führer des ersten Geschützes ernannt. Weniger ehrenvoll, aber auch nicht zu verachten war, dass wir paar Leute den Verpflegungswagen des Bataillons in die Hand bekamen, der voller Frontkämpferpäckchen, Schoka-Cola, Knäckebrot und Butter war. Außerdem gelang es uns, 40 Flaschen Wein zu organisieren. Ausgehungert und durstig machten wir uns darüber her, aßen und tranken so viel, dass wir fast jeder einen leichten Schwips bekamen. In der Nacht schliefen wir ruhig, wurden nur ab und zu durch ein sehr genau geleitetes Störfeuer behindert. Am nächsten Morgen bekamen wir Befehl, mit einem Spähtrupp die vordere Linien zu erkunden, über die wir völlig im Unklaren waren, da jede Verbindung mit einer vorgesetzten Dienststelle abgerissen war. Es stellte sich heraus, dass unsere rechte Flanke völlig ungedeckt war. In den Abendstunden wurde gemeldet, dass tatsächlich in der Mühle, ca. 300 Meter westlich von Elsdorf (das war in diesem Fall die rechte Flanke), ein feindlicher vorgeschobener Beobachter säße. Rasch wurde beschlossen, einen Stoßtrupp gegen ihn einzusetzen. Es war schon dunkel, als ein Unteroffizier des Regimentsstabes, der irgendwoher bei uns aufgetaucht war, und ich auf die Mühle zuschlichen. Eine Panzerfaust und zwei Sturmgewehre waren unsere Bewaffnung. Unhörbar krochen wir, durch kleine Büsche gedeckt, im Straßengraben an unser Ziel heran. Zwanzig Meter davor blieben wir liegen. Zwei Gestalten tauchten aus dem Dunkel des Hintergrundes auf und gingen auf die Mühle zu. Davor blieben sie stehen und redeten jemanden an. Es waren englische Worte, wir konnten sie deutlich verstehen. Mein Kamerad zielte mit der Panzerfaust. Ein Feuerstrahl, ein ungeheurer Knall, die Mühle schwankte, stürzte in sich zusammen. Wir sprangen auf, rannten auf die Mühle zu. Vor der Mühle lagen ein paar regungslose Gestalten – Amerikaner. Wir zogen uns zurück, unser Auftrag war erfüllt. Im Dorf fanden wir unseren Zug schon im Aufbruch begriffen. „Zurück und bei Aken über die Elbe", hieß der neue Befehl und Eingliederung bei der Infanteriedivision „Scharnhorst". Die weiteren Erlebnisse im Einsatz bei der Division „Scharnhorst" bis zur Gefangenschaft an der Elbe bei Tangermünde sind in einer weiteren Buchausgabe dargestellt worden.

Im amerikanischen G-2-Periodic-Report Nr. 292 vom 16. April 1945 wird berichtet, dass die 8. Kompanie bei Großpaschleben alle ihre Granatwerfer verlor. Die 6. und 7. Kompanie geriet in Gefangenschaft. Von der 7. Kompanie verblieb nur ein Zug bei der Kompanie. Die Reste der 7. Kompanie zogen sich nach Süden Richtung Bitterfeld zurück, wo sie der Division „Hutten" unterstellt wurden. Weitere konkrete Hinweise dazu gibt es leider nicht.

Potsdam 3 / Regiment 1064. 2. Bataillon

Meine Soldatenzeit bei den Divisionen „Potsdam“

Dieser Bericht von Rolf Hermann soll die Zeit wiedergeben, die er im Einsatz beim Regiment 3/1064 der Division „Potsdam“ verbracht hat. An den Ort, wo seine Einheit ausgeladen worden ist, kann sich Hermann nicht mehr genau erinnern. Von dort ging es im Fußmarsch als Kompanie bis Großpaschleben.

Rolf Herrmann als 17-jähriger Soldat.

Meine Soldatenzeit begann am 10. November 1944 als Offiziersbewerber in Leipzig. Nach einigen Tagen, nachdem wir eingekleidet waren, wurden wir zum Grenadier-Ersatz- und Ausbildungs-Bataillon 11 nach Weißenfels zur Grundausbildung abkommandiert. Die Grundausbildung dauerte bis etwa Ende Januar 1945. Wir Offiziersbewerber wurden zu Offiziersanwärtern ernannt und durften nunmehr auf den Schulterklappen die silbernen Doppellitzen tragen. Wir wurden dann unverzüglich nach Zeithain bei Riesa versetzt und den jeweiligen Inspektionen zugeteilt, um unsere eigentliche Offiziersausbildung zu beginnen. Viele meiner Kameraden, die später mit mir an der Front im Einsatz waren, begleiteten mich von Weißenfels über Zeithain bis Döberitz, wo wir dann Ende März 1945 zur Division „Potsdam“ aufgestellt wurden.

In Döberitz erfolgte eine Neueinkleidung. Wir erhielten moderne Waffen und wurden nochmals von erfahrenen Unteroffizieren und Offizieren zum Kampf an der Front vorbereitet.

Nach einigen Tagen Aufenthalt in Döberitz ging es dann per Marsch nach Staaken, und wir wurden dort kompanieweise in Güterwagen verladen und fuhren, wie man uns sagte, ins Einsatzgebiet. Wir erreichten ohne Feindberührung Großpaschleben bei Köthen am 14. April 1945 in den Nachmittagsstunden. Der Stab des 2. Bataillons von Potsdam 1054 befand sich am 15. April ebenfalls in Großpaschleben. Hier nun bezogen die Züge ihre Stellungen. Der Kompaniechef mit seinem Kompanietrupp und ich als sein persönlicher Melder zogen in das Eckhaus an der

Kreuzung Köthen und Wülkenitz. Der Kompanietrupp und ich lagen im Keller, der mit Stroh ausgelegt war, während der Kompaniechef, Oberleutnant Pschiechholz, in der Wohnung parterre rechts sein Quartier bezog.

Alle Zugführer und Melder hatten Befehl, am nächsten Morgen, dem 15. April um 6.00 Uhr, zum Treffpunkt Eingang Gutshof und Straße nach Köthen zu kommen, um dort entsprechende Befehle zu erhalten. Alle waren pünktlich erschienen, lediglich der Kompaniechef fehlte, weil er noch auf Erkundungsritt war. Bevor er jedoch am Treffpunkt eintraf, begann der Amerikaner mit seinem Angriff auf unsere Stellungen, zunächst allerdings mit schwerem Artilleriefeuer. Weil die Züge unserer Kompanie aber durch die Abwesenheit ihrer Zugführer und Melder führungslos waren, hatte ich die Initiative ergriffen und den Zugführern anheim gestellt, sofort zu ihren Männern zu gehen, ich selbst würde hier am Treffpunkt weiter auf den Kompaniechef warten. So geschah es dann auch. Wenig später erschien der Kompaniechef. Ich machte ihm die Meldung und erläuterte ihm die Situation. Er fand das in Ordnung und erzählte mir kurz, dass er die Absicht gehabt habe, seinerseits die Amerikaner anzugreifen, allerdings um 7.00 Uhr. Der Angriff des Gegners sei für ihn völlig überraschend gekommen. Oberleutnant Pschiechholz schickte mich zum Bataillonsgefechtsstand, der sich auf dem Gutshof einquartiert hatte. Jetzt erst wusste ich, dass außer unserer Kompanie noch andere Einheiten in bzw. um Großpaschleben lagen (2. Bataillon von Potsdam 2 /1054, lt. Autor).

Hier stieß ich auf den Bataillonsführer, einen Hauptmann. Leider ist mir sein Name entfallen. (Hauptmann Pichel lt. Autor) Diesem meldete ich die Lage und blieb dann zunächst in den Räumen des Gefechtsstandes. Erst als die Lage schlechter wurde und immer mehr Granateinschläge um den Gutshof herum einschlugen, entschied ich mich, in den Kuhstall zu flüchten. Ich hatte die Hoffnung, hier mehr Schutz vor Granateinschlägen zu haben. Der Kuhstall war nicht nur voller Kühe, sondern hierher hatten sich jede Menge Soldaten geflüchtet, die ebenfalls glaubten, hier mehr Schutz zu finden. Weil es auf dem Gutshof einen Wasserturm oder ähnliches gab und für den Feind ein hervorragender markanter Punkt war, hatte ich das Gefühl, im Kuhstall nicht mehr sicher zu sein, zumal die Granateinschläge immer näher kamen und auch die Kühe vor Angst unruhiger wurden. Ich entschied mich daher, aus dem Kuhstall auszubrechen. Es schlossen sich mehrere Soldaten an. Wir flüchteten über den Hof auf die angrenzenden Felder in Richtung Elsdorf, ein kleines Dorf oberhalb von Großpaschleben. Unterwegs, unter einer kleinen Brücke, trafen wir auf einen Ost-Arbeiter, der dort mit seiner Frau Schutz vor den Granateinschlägen gesucht hatte. Da der Ost-Arbeiter am Kopf verwundet war, gab ich der Frau mein Verbandspäckchen, damit sie ihn wenigstens notdürftig verbinden konnte.

Auf unserem Fluchtweg nach Elsdorf begegneten wir einem älteren Oberfeldwebel der Luftwaffe. Diesem meldete ich unsere Lage, und er unterstellte uns alle

Abschuss eines der amerikanischen Panzer.

seinem Kommando. Er brachte uns nach Elsdorf, und dort traf ich zu meiner Freude und ganz überraschend auf meinen Kameraden Horst Wiegleb. Er war am Kopf verwundet und brauchte dringend ärztliche Hilfe. Ich brachte ihn zum Hauptverbandsplatz, der sich in Elsdorf in einem Saal einer Gastwirtschaft befand.

Mit Horst Wiegleb hatte ich bis dahin meine gesamte Soldatenzeit von Weißenfels an verbracht. Er erzählte mir auch von dem Angriff der Amerikaner auf unsere Stellungen bei Großpaschleben, insbesondere auch darüber, dass einige unserer Kameraden amerikanische Panzer abgeschossen hätten.

Ob jemand und wer gefallen war, konnte er mir nicht sagen. Hier in Elsdorf waren nun viele Versprengte der Division „Potsdam“ und „Scharnhorst“. Ich war wohl der Jüngste und wurde für weitere Einsätze der leichten Infanterie-Geschütz-Kompanie innerhalb der Division „Scharnhorst“ 2. Regiment zugeteilt.

Nachtrag: Bei unserem Zugführer- und Meldertreffen am 15. April 1945 morgens um 6.00 Uhr in Großpaschleben hatte ich meinem Freund und Kameraden Rudi Walter, der aus Berlin kam, meine Heimatadresse gegeben und er mir seine. Wir hatten uns das Versprechen gegeben, unsere Eltern zu benachrichtigen, wenn dem einen oder anderen etwas zustoßen sollte. Nach Rückkehr aus der Gefangenschaft habe ich ihm sofort geschrieben und bekam von seiner Mutter die Antwort, dass Rudi und noch mehrere Kameraden am 15. April 1945 in Großpaschleben gefallen seien. Auch mein Freund Paul Schulz aus Sagan/Schlesien, mit dem ich ebenfalls von Weißenfels an zusammen war, hat dort den Soldatentod gefunden.

Nach all diesen Geschehnissen bin ich erstmals wieder im Juni 1990 an den Orten gewesen, die sich mir so tief eingeprägt hatten, nämlich Großpaschleben, Fischbeck und Wust. Einige Jahre später bin ich dann auch in Belzig und Beelitz gewesen.

Wenn in Walternienburg, im Kreis Zerbst, die jährliche Veranstaltung zum Gedenken der toten Kameraden und Zivilisten stattfindet, die in den Kämpfen um den Brückenkopf bei Barby östlich der Elbe Mitte April 1945 den Tod fanden, besuche ich auch Großpaschleben und lege am Grab meiner gefallenen Kameraden ein Gesteck mit Schleife nieder.

Zum Gedenken an die gefallenen Kameraden.

Der Vorstoß der 83. US-Infanterie-Division zur Elbe

In einer amerikanischen Quelle heißt es: „Vor uns lag das Harzgebiet, das außerordentlich zerklüftet war. Nicht nur die natürliche Größe des Gebietes war ein Hindernis, sondern auch die Witterungsbedingungen erschwerten die Kampfhandlungen.

Die einzigen einsatzfähigen deutschen Einheiten, die in den nördlichen Ausläufern des Harzes südlich von Goslar angetroffen wurden, waren Verbände, denen es gelungen war, aus dem Ruhrkessel zu entkommen. Dazu kam später eine neu aufgestellte Division, die 'Potsdamer'.

Glücklicherweise hatten die Deutschen keine Mörser oder Artillerie, ein Zustand, der während des ganzen Vormarsches konstant blieb. Dass es keine Baumkrepierer gab, war sehr hilfreich, denn sonst hätte es eine böse Geschichte für uns werden können.

Mit dem Vorrücken des 329. und 330. US-Regiments versteifte sich der Widerstand am Rande der Wälder nordöstlich und südöstlich von Seesen. Ab 9. April blieb das 330. Infanterie-Regiment im Harz, wo es die nächsten zehn Tage mit der Säuberung und Aufklärung in den Wäldern des Sektors der 83. Division verbrachte, der ungefähr zehn Kilometer tief und 45 Kilometer lang war. Die Säuberung dieses weiträumigen Gebietes war eine aufreibende Arbeit für die Männer, die bereits von den endlosen Vormärschen erschöpft waren. Das Bataillon folgte gewöhnlich dem Straßennetz mit zwei Kompanien nebeneinander, jedes auf einer Straßenseite, und eine Kompanie folgte als Reserve. Nach dem täglichen Vorgang durch unwegsames Terrain wurden bei Nacht Straßensperren errichtet, die von Panzerjägern geschützt wurden. Als am nächsten Morgen die Säuberung fortgesetzt wurde, ließ man die Panzerjäger an der errichteten Panzersperre zurück, bis sie am Abend zum gleichen Zweck vorgerufen wurde. Diese Blockade-Methode wurde durch den ganzen Feldzug fortgesetzt."

Mit dem Zurücklassen des 330. Regiments im Harz hatte die 83. US-Infanterie-Division vorerst ein Drittel ihrer Schlagkraft eingebüßt.[25] Nachdem das Gebiet gesäubert war, kehrte das 330. US-Regiment unter die Divisionskontrolle auf dem Ostufer der Elbe zurück.

Die Amerikaner besetzten am 10. April Goslar und Stapelburg, am 11. April Bad Harzburg, Ilsenburg und Wernigerode. Auch Halberstadt, das die Transportzüge der Division „Potsdam" zum großen Teil in den Harz durchfahren hatten, war von den Amerikanern bereits am 11. April genommen worden.

Zum nächsten Ziel, der Elbe, hatten die amerikanischen Luftaufklärer bereits am 22. März 1945 eine Luftaufnahme von der Elbbrücke bei Barby gemacht. Vor dem 329. und 331. US-Regiment lag nun vom Vorharz zur Elbe leicht hügeliges,

Amerikanische Luftaufnahme der sogenannten Kanonenbahn über die Elbe bei Barby.

aber offenes Land. Außerdem bestand auf deutscher Seite kein wirksames in die Tiefe des rückwärtigen Raumes gestaffeltes Verteidigungssystem. Es kam kaum zu ernsthaftem Widerstand, da keine deutschen Truppen mehr existierten. Sie stießen auf leichten bis mäßigen Widerstand, der aus schwach durch Volkssturmleute besetzten Panzersperren bestand. Sie hatten freien Raum in Richtung Elbe.

Am 10. April 1945 erfolgte durch Bomber der 8. US-Air-Force ein Angriff auf den Flugplatz Zerbst. Der Platz musste aus Sicht der heranrückenden amerikanischen Kampftruppen zur Elbe unbrauchbar gemacht werden, denn hier waren deutsche Jagdflugzeuge des Typs Messerschmitt Me-262 stationiert. Bei einer

Geschwindigkeit von 850 bis 900 km/h war es damals das schnellste Flugzeug der Welt. Die Me-262 setzten den alliierten Bomberverbänden im Luftkampf schwer zu. Am 30. März 1945 flogen auch zehn Me-262 einen Tiefangriff auf amerikanische Truppen im Raum Kassel.

Am 10. April 1945 wurden von den auf dem Flugplatz Zerbst stationierten 37 Me-262 21 Maschinen für startklar gemeldet und starteten gegen 14 Uhr zu ihrem Einsatz. Während die Jäger in der Luft waren, griffen 75 B-17 Bomber den Platz an und belegten die Startbahn und das Rollfeld mit 222 Tonnen Sprengbomben, um die Platzanlagen restlos unbrauchbar zu machen und die hier stationierten Jagdflugzeuge weder starten noch landen konnten. Die von Zerbst gestarteten Piloten hörten über Funk: „Zerbst landeunklar – Ausweichplätze anfliegen.“ Ein zweiter Angriff zerstörte die gesamte Bodenorganisation. Danach verlagerte die Gruppe ab 11. April 1945 nach Prag-Rusin.[26]

Bernburg erlitt am 11. April durch einen Bombenangriff größere Zerstörungen. Das Ziel des Angriffs war offensichtlich der Bahnhof mit seinen zahlreichen Haupt- und Nebengleisen. Neben dem Bahnhof wurden auch noch Industrieanlagen getroffen. 49 Wohnhäuser wurden schwer, 35 Wohnhäuser mittelschwer und 456 Wohnhäuser leicht beschädigt. Es gab 84 Tote einschließlich derer, die an den schweren Verletzungen verstarben, sowie 25 Verwundete.

Mit dem Angriff auf das Bahnhofsgelände verfolgten die Amerikaner anscheinend in erster Linie, den begonnenen militärischen Aufmarsch deutscher Truppen in den Harz zu stören. Zum gleichen Zweck wurden auch die Bahnhöfe Aschersleben und Köthen lahm gelegt.

Am 12. April um 12.15 Uhr erfolgte die kampflose Einnahme und Besetzung der Stadt Staßfurt durch das 3. Bataillon des 331. Regiments. Ein wesentliches Ziel der Amerikaner in Staßfurt war die „WIFO“ (wirtschaftliche Forschungsgesellschaft) ein nichtssagender Titel im Salzbergwerk Friedrichshall. Die WIFO hatte dort Gebäude und Schachtanlagen zur Einlagerung von Materialien für die Kriegsproduktion vorgenommen. Es waren neben Quecksilber, Kupfer, Zinn und Kobalt Materialien, die zum Teil als sogenannte „Sparstoffe“ galten, auch Kerosin als Treibstoff für strahlgetriebene Flugzeuge (Me 262) gelagert. Die eigentliche Suche der Amerikaner galt aber den spektakulären etwa 1.100 Tonnen Natriumdiuranat, ein gelbes Pulver mit kristalliner wasserunlöslicher Kornstruktur, welches in Holzfässern in einem Holzschuppen der WIFA eingelagert worden war. Es war bereits ein Zwischenprodukt, das mittels einer bestimmten chemischen Behandlung aus dem Uranerz erzeugt wurde. Nach späteren Veröffentlichungen wurde bekannt, dass es sich bei dieser eingelagerten Substanz um Material für den in der Entwicklung befindlichen ersten deutschen Atomreaktor gehandelt haben soll. Hiernach hatten die Amerikaner fieberhaft gesucht, weil sie befürchteten, dass ihnen die

Deutschen mit dem Bau der ersten Atombombe zuvorkommen könnten. Ihre wichtigste Aufgabe bestand darin, sich der Ergebnisse der deutschen Atomforschung und der dazugehörigen Wissenschaftler zu bemächtigen. Zu diesem Zweck hatten sich amerikanische hohe Militärs und eine kleine Gruppe von Wissenschaftlern und CIC-Agenten (Counter Intelligence Corps) der der 9. Armee angehörenden 83. Infanterie-Division angeschlossen.

Die Fässer wurden von den Amerikanern sichergestellt und bis Anfang Mai 1945 auf verschiedenen Transportwegen nach Antwerpen und von dort mit dem Schiff in die USA gebracht.[27]

Nach der Einnahme von Staßfurt ging das 2. Bataillon des 331. Regiments in Richtung Neugattersleben und Nienburg/Saale vor. Als sich am 12. April gegen 13 Uhr der erste amerikanische Panzer dem Bahnübergang in Nienburg näherte, fielen die ersten Schüsse. Inzwischen hatte sich auch ein Jeep mit amerikanischen Soldaten genähert. Es gab heftigen Schusswechsel, bei dem sowohl deutsche als auch amerikanische Soldaten verletzt und getötet wurden, so u.a. ein amerikanischer farbiger Soldat, der in der Nähe am Friedhof stand. Ein weiterer amerikanischer Soldat wurde durch eine Kugel vom Wasserturm getroffen. Einige halbwüchsige Hitlerjungen forderten bei einigen Einwohnern Einlass. Sie wollten aus Kellerfenstern feindliche Panzer abschießen oder, wenn das nicht möglich war, im Keller ihre Waffen für einen späteren Einsatz verstecken. Die Frauen hinderten sie entschlossen an diesem Vorhaben. Sie sollen danach bei den Kampfhandlungen getötet worden sein. Es mag zwischen 14 und 15 Uhr gewesen sein, als die Stadt Nienburg kapitulierte. Der stadtseitige Brückenbogen der Nienburger Saalebrücke war bereits durch eine angebrachte Sprengladung zum Einsturz gebracht worden. Die deutschen Truppen, es soll sich um eine Kompanie vom 1. Bataillon Potsdam 2 (1054) gehandelt haben, die hier als einzige auf den Marsch zum Harz zurückgelassen worden war, und der örtliche Volkssturm zogen sich auf das jenseitige Saaleufer zurück. Die Wehrmacht hatte sich danach bis Gerbitz zurückgezogen. Auf dem städtischen Friedhof in Nienburg befinden sich Gräber von sechs unbekannten deutschen Soldaten, von denen keine Angaben bekannt sind.[28]

Das 2. US-Bataillon war von Nienburg und Neugattersleben nach Calbe/Saale aufgebrochen. Um 9.55 Uhr erfolgte in Calbe die Sprengung der Kaiser-Wilhelm-Brücke über die Saale und danach der Eisenbahnbrücke bei Grizehne (heute Calbe/Saale Ost). Stadtkommandant war Generalleutnant von Rudloff, (Wehrersatzinspektion) der seinen Befehl, die Stadt zu verteidigen, ausführen will. Der aufgebotene Volkssturm widersetzte sich den Anordnungen des Stadtkommandanten und gab keinen Schuss ab. Angehörige der Wehrmacht, die im Schloss stationiert waren, leisteten ebenfalls keinen Widerstand. Einige setzten sich über die Saale nach Gottesgnaden ab und sprengten danach die Fähre. In der Domäne Gottesgnaden richteten sie sich zur Verteidigung ein. Nach amerikanischem Granatwerferbeschuss zogen sie sich unter Führung von Oberleutnant Kern zur Ortschaft Trabitz zurück. Andere Verteidiger flüchteten in Zivil aus der Stadt. Die Volkssturmleute gingen nach Hause. Einige Bürger hissten weiße Fahnen und signalisierten damit die kampflose Übergabe der Stadt. Generalleutnant von Rudloff, der das verhindern wollte, wurde aus den eigenen Reihen erschossen. Die Stadt Calbe wurde nun bis auf wenige Schüsse ohne Kampf aufgegeben. Nach Einnahme der Stadt gingen die Amerikaner am 13. April in einen Sammlungsraum südlich von Barby. Der Gefechtsstand der 83. US-Division wurde gegen 11 Uhr von Cochstedt nach Calbe verlegt.

In dieser Phase schirmten die Aufklärer den Vorstoß der Division ab. Die Aufklärer hatten drei Züge, und jeder Zug bestand aus drei Gruppen. Diese hatten drei Jeeps und ein Halbkettenfahrzeug. Wenn sie auf Widerstand trafen, konnten sie nicht angreifen. Sie hatten zwei Möglichkeiten: ihn zu umgehen und die nachkommenden Kolonnen zu warnen, oder sich zurückzuhalten bis zum Erscheinen von eigenen Streitkräften.

Das war das typische Bild, das man vom Harz bis zur Elbe betrieb und auf erheblichen Widerstand bei Barby stieß, als das 1. Bataillon von Potsdam 3 (1064) das Westufer der Elbe verteidigte.

Potsdam 3 / Regiment 1064. 1 Bataillon

Die Kampfhandlungen am 12. April 1945 um die Stadt Barby

An diesem Morgen erhielt dass 329. US-Infanterie-Regiment den Befehl, so schnell wie möglich zur Elbe vorzustoßen, die Elbbrücke bei Barby unzerstört in Besitz zu nehmen, die Stadt zu besetzen, alles zu sichern und danach die Elbe zu überqueren.

Das Regiment war ein verstärktes Infanterie-Regiment mit drei Infanterie-Bataillonen, dem weiterhin Feldartillerie, Panzerjäger, Panzer, Pioniere und Aufklärungskräfte angehörten. Weiterhin befand sich noch im südlichen Raum das 331. US-Infanterie-Regiment (Staßfurt, Nienburg, Calbe) und im nördlichen Raum (Schönebeck) Teile der 2. US-Panzerdivision. Im Hauptquartier der 9. US-Armee herrschte großer Jubel, als dort am 11. April kurz nach 20 Uhr aus dem Gefechtsstand der 2. US-Panzer-Division die Meldung eintraf: „Wir sind an der Elbe“ (bei Magdeburg, Stadtteil Westerhüsen).

Die amerikanischen Truppen des 329. US-Regiments erreichten am 12. April gegen 12 Uhr Gnadau und besetzten den Ort kampflos. Das dort stationiert gewesene deutsche Militär hatte den Ort bereits am 11. April nachmittags in Richtung Schönebeck verlassen. Der Kompanieführer des Volkssturmes ließ noch die Panzersperre in Richtung Schönebeck verstärken. Die amerikanischen Panzer kamen aber nicht von Schönebeck, sonder aus Richtung Klein Mühlingen und Döbeln nach Gnadau und stießen auf keine Verteidigung. Nachdem die Vorhut keinen Widerstand feststellte, durchfuhr eine größere Anzahl Panzer, Artillerie und Infanterie das Dorf. Alle Häuser wurden nach versteckten Soldaten und Waffen durchsucht.[36]

Die Ankündigung eines deutschen Offiziers, die Stadt Barby würde im Falle einer amerikanischen Besetzung durch die deutsche Luftwaffe bombardiert, verbreitete sich wie ein Lauffeuer. Wilde unkontrollierte Gerüchte über den herannahenden Gegner durchschwirrten die Stadt. Ein großer Teil der Elbestädter flüchtet deshalb mit Fahrrädern und Handwagen unter Mitnahme des Handgepäcks aus der Stadt, um sich in der Umgebung in Sicherheit zu bringen. Wer in der Stadt geblieben war, suchte Schutz in Kellern. Jeder versuchte auf seine Art, die letzte Phase des Krieges unbeschadet zu überstehen.

Der Volkssturm war am 11. April an verschiedenen Stellen der Stadt als Panzerabwehrtrupp untergebracht. Dabei kam es zum tragischen Tod eines Volkssturmmannes, der bei der Ausbildung vom Rückstrahl einer Panzerfaust durch unsachgemäße Handhabung der Waffe derart schwer verletzt wurde, dass er auf dem Weg in das Krankenhaus verstarb. Ein weiterer Beteiligter erlitt bei diesem Vorfall Verbrennungen.

Einwohner Barbys verlassen die Stadt wegen angekündigter Zerstörung.

Die Flakwaffentechnische Schule Magdeburg unterhielt im Barbyer Schloss eine Außenstelle. Ihre Aufgabenstellung war geheim und in der Stadt nicht bekannt. Diese Einheit wurde am 11. April dem ersten Bataillon von Potsdam 3 unterstellt.

Der Rathauskeller war Luft- und Warnzentrale und jetzt auch Befehlsstand für die NS-Führung, Bürgermeister, Volkssturm, Polizei, Feuerwehr, Sanitäter, Technische Nothilfe und Melder. Durch einen aktuellen Führerbefehl, alle Städte bis zum letzten Mann zu verteidigen, muss es im Befehlsstand des Rathauskellers zu dramatischen Szenen um die Durchsetzung dieses Befehls gekommen sein. In einer für die Stadt aussichtslosen Lage erschossen sich drei Volkssturmkommandeure. Sie hatten als überzeugte Nationalsozialisten ihrem Regime treu gedient, konnten es aber mit ihrem Gewissen nicht vereinbaren, jetzt noch in einer militärisch völlig aussichtslosen Lage das Leben der Einwohner und die Existenz ihrer Heimatstadt aufs Spiel zu setzen. Nach dem Tod seiner Kommandeure löste sich der Volkssturm bald auf, ohne in die Kampfhandlungen eingegriffen zu haben.

In einem Bericht des 329. US-Regiments wird das Geschehen aus amerikanischer Sicht so beschrieben: Das 3. US-Bataillon als Angriffsspitze hatte am 12. April gegen 12 Uhr mittags den Ort Gnadau, etwa fünf Kilometer westlich von

Vor dem Abschuss der Panzerfaust.

Barby, erreicht. Den Pionieren der 83. US-Division wurde bereits hier Befehl erteilt, das Material für den Brückenschlag über die Elbe bereit zu halten. Dem 1. Bataillon wurde ebenfalls befohlen, aus Richtung Halberstadt nach Gnadau vorzugehen. Es sollte Reservestellung in Gnadau beziehen und in der Nacht die Elbe in Sturmbooten überqueren, falls die Elbbrücke nicht gesichert werden konnte. Das 2. Bataillon rückte weiter südlich vor und besetzte den Ort Wespen.

Die Schwerpunkte des Angriffs auf Barby konzentrierten sich vorerst aus Richtung Pömmelte und Gnadau-Zeitz, später auch aus der Ortschaft Wespen. Um 13.30 Uhr begannen die Kampfhandlungen um Barby. Die Anwesenheit eines deutschen Bataillons war der amerikanischen Truppenführung offensichtlich verborgen geblieben. Es gab zu diesem Zeitpunkt auch keine Aufforderung zur kampflosen Übergabe der Stadt durch amerikanische Parlamentäre.

Die Amerikaner fühlten auf der Straße aus Richtung Pömmelte mit einem Aufklärungszug vor, um die Gesamtlage zu erkunden. Dabei gerieten 21 Aufklärer in den Beschuss einer deutschen Vorpostenlinie, was zu ersten Ausfällen bei den Amerikanern führte. Nur fünf Aufklärer kamen wieder zur Ausgangslinie zurück. Einiges an Material ging verloren. Ein beteiligter deutscher Soldat erläuterte dieses Ereignis wie folgt: „Ich bildete unter Führung eines Feldwebels mit etwa zehn Sol-

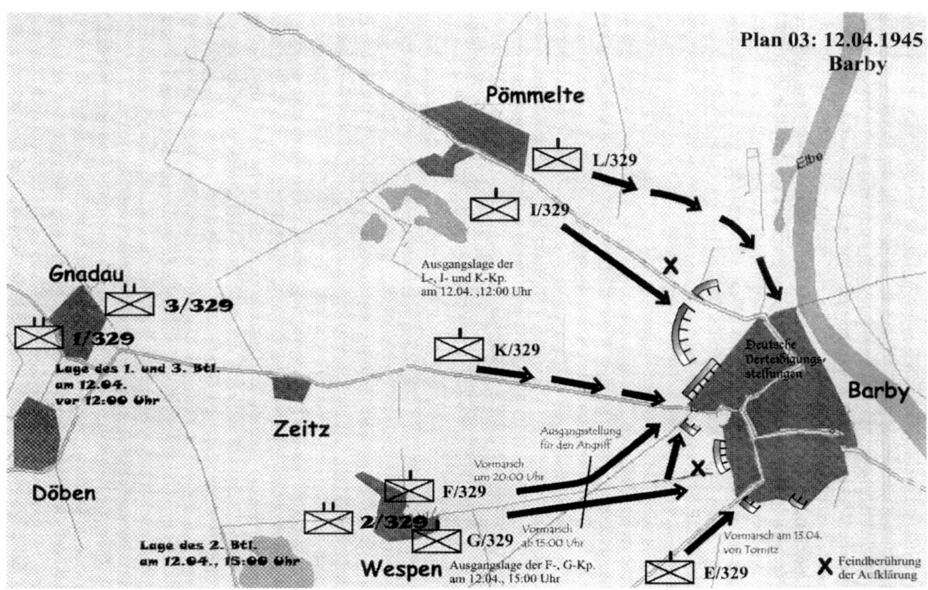

Angriffe der US-Einheiten aus Pömmelte, Zeitz und Wespen sowie die deutschen Verteidigungsstellungen vor der Stadt (Archiv P. Wittig).

daten einen Vorposten in Wintergetreidefeld. Dahinter lag die Verteidigungslinie. In den frühen Nachmittagsstunden des 12. April kam der Ami. Auf der Straße näherten sich ein Panzerspähwagen und Aufklärer mit Jeeps. Der Panzerspähwagen wurde vom Feldwebel mit der Panzerfaust beschossen und zerstört.

Es kam zu einem starken Schusswechsel, der längere Zeit anhielt. Am Abend, als es dunkelte und der Angriffsdruck der Amerikaner gegen 19.30 Uhr immer stärker wurde, zogen sich unsere Leute aus der Verteidigungslinie zurück. Dabei stellte ich den Tod meines Feldwebels fest, der durch einen Kopfschuss getötet worden war. In der Nähe der Bahn sammelten sich etwa 40–50 Mann. Es wurde befohlen, sich in Richtung Harz abzusetzen. Zur Gruppe gehörte kein Offizier, nur ein paar Unterführer. Wir gelangten noch bis zum Unterharz. Weil keine Verbindung zu einer deutschen Einheit mehr hergestellt werden konnte beschlossen wir, kampflos in Gefangenschaft zu gehen.“[37]

Nach amerikanischen Quellen kam der Angriff gegen Barby auf der rechten Seite durch die I-Kompanie mit vier Panzern durch massives Abwehrfeuer zum Stehen. Das Gefecht dauerte mit kurzer Unterbrechung den ganzen Nachmittag bis in die späten Abendstunden und wurde mit großer Erbitterung geführt. Die Amerikaner berichten in diesem Zusammenhang von gut angelegten und getarnten deutschen Stellungen. Auch ein aus Gnadau über das Vorwerk Zeitz vorgetragener

Angriff konnte vor der Stadt abgewehrt werden. Dazu leisteten die im Garten des Gutshofes stationierten Granatwerfer einen entscheidenden Beitrag. Verblüfft stießen die sieggewohnten Amerikaner zum ersten Mal wieder auf erbitterten deutschen Widerstand. Der amerikanische Beschuss der Stadt ab Nachmittag war relativ gering. Es war geleitetes Störfeuer und betraf zu dieser Zeit die Außenbezirke, wo sich das deutsche Militär verschanzt hatte. Ein verstärkter Beschuss des Stadtzentrums erfolgte erst ab Mitternacht zum 13. April. Aus der Art des Beschusses konnte man schließen, dass es den Amerikanern nicht darauf ankam, die Stadt in eine Trümmerlandschaft zu verwandeln, als vielmehr, die deutschen Truppen daraus zu vertreiben. In Barby sollte es über die Elbe gehen, also brauchte man eine relativ unzerstörte Stadt mit einer fast intakten Infrastruktur als Bereitstellungsraum für Reserven, Nachschub und Unterbringung eigener militärischer Einheiten.

Es gab aber auch trotz der schwierigen Situation in Barby mutige Frauen, die sich gegen den Befehl der Nationalsozialisten und Militärs auflehnten, die Stadt bis zum letzten Mann und bis zur letzten Patrone zu verteidigen. Eine Gruppe Frauen stieg auf den Kirchturm und hisste eine weiße Fahne. Eine weiße Fahne der Kapitulation in dieser Lage zu hissen, war riskant und wurde von den Nazis als Verrat am Volk betrachtet. Verräter wurden unweigerlich zum Tode verurteilt. Doch die Fahne hing nicht lange. Zwei Soldaten mit Motorrad und Beiwagen kamen auf den Marktplatz gefahren und hatten den Auftrag, die Fahne wieder zu entfernen, was sie auch taten. Andererseits hätte die Aktion der Frauen auch eine verderbliche Reaktion der Amerikaner hervorrufen können. Wurde aus Orten, die bereits die weiße Fahne gehisst hatten, noch geschossen, konnten sie dem Erdboden gleich gemacht werden.

Die Amerikaner delegierten wegen der kurzzeitig gehissten weißen Fahne Parlamentäre in die Stadt. Eine bedingungslose und kampflose Übergabe der Stadt lehnte der Stadtkommandant, Hauptmann Henne, ab. Die letzte Möglichkeit und Chance, weiteres Blutvergießen zu vermeiden, war vertan. Das unterbrochene Gefecht wurde mit unverminderter Härte wieder aufgenommen. Die Waffenruhe während der Verhandlungen nutzten die Sanitäter beider Seiten, um Verwundete und Tote aus dem Kampfgebiet zu bergen.

Weil das 3. US-Bataillon westlich der Stadt an allen Versuchen gehindert wurde, die Stadt einzunehmen und keine Fortschritte erreichte, musste das 2.US-Bataillon aus Wespen zusätzlich angefordert werden, um den Angriffsdruck gegen die Verteidiger zu verstärken. Die Amerikaner setzten eine Kompanie und einen Zug der Aufklärungsgruppe um 15 Uhr nach Barby in Marsch. Sie sollten die militärische Lage auf der südlichen Seite der Stadt erkunden und erhielten einige Panzerjäger, zwei gepanzerte Fahrzeuge sowie zwei Jeeps. Als die Aufklärer bis zum

Barby, Germany

April, 12th 1945

5 Soldiers of the
643rd Tank Destroyer Battalion
got KIA at this place

Sgt. Michael DeFebio **Sgt. William T. Ropple**

1Lt. Burl L. Sloan
Pfc. Thomas Ryan
Pfc. Boleslaw Korona

Rest in Peace …

Namen der fünf getöteten Amerikaner.

Stadtrand vorrückten, erhielten die führenden Fahrzeuge einen schweren Feuerschlag aus gut getarnten Stellungen. Dabei wurden mehrere Amerikaner getötet und verwundet, ein Panzerjäger zerstört, wobei alle fünf Besatzungsmitglieder ums Leben kamen.

Wegen des gut einsichtbaren Geländes setzten die Amerikaner nun eine künstliche Nebelwand, um die Rückführung der eigenen Leute zu decken und Feuerschutz zu geben. Alle Fahrzeuge wurden zurückgezogen. Durch Panzerbeschuss wurden vier Häuser in Brand geschossen, weitere Gebäude beschädigt.

Hier Aussagen von Männern der amerikanischen G-Kompanie, die an diesem Vorgang beteiligt waren:

Dick Coyle (Sergeant): „An diesem Tag erkundeten wir etwa 35 bis 40 Meilen ohne irgendwelchen Widerstand. Plötzlich erhielten wir Feuer aus Infanteriewaffen. Es ist erstaunlich, dass wir nicht alle getötet wurden. John Cuningham, der mein bester Freund gewesen war, zündete sich noch eine Zigarette an, dann war er tot. Im nächsten Moment flog mir der Helm vom Kopf. Noch nie in meinem Leben habe ich mich so nackt gefühlt, als ich ohne etwas auf dem Kopf über das Feld lief. An meinem Arm sah ich Blut herunter laufen.“[38]

La Fayette Shmith: „Bleibt hinter dem Panzer. Alles was ich sagte, war, bleibt einen Schritt hinter dem Panzer. Ich sehe, wie sie den Panzer treffen. Ich wurde am Bauch verletzt. Sie schossen mir durch den Arm. Beide Knochen sind zersplittert.“[39]

Nach dem Angriff schwenkten die Amerikaner mit zwei Zügen und Panzerunterstützung nach Norden und bewegten sich in Richtung Bahnhofsgelände zu, um das 3. Bataillon zu entlasten. Nach schwerem Kampf konnte eine Villa am Stadtrand gestürmt, besetzt und gehalten werden. Das Gebäude wurde als Kompaniegefechtsstand ausgebaut und durch mehrere Panzer geschützt. Weitere Kräfte konnten somit aus Wespen und Gnadau nachgezogen werden.

Von amerikanischer Seite erfolgte Panzerbeschuss auf ein Industriegebiet nördlich der Stadt. Eine Zuckerraffinerie erhielt Treffer und fing Feuer. Die Getreidesilos der Maizena-Werke erhielten etwa zwölf Treffer, weil die Amerikaner offenbar hier eine Beobachtungsstation vermuteten. Das Gelände konnte gegen 19 Uhr durch die amerikanische L/329-Kompanie mit Panzerunterstützung eingenommen werden. Dabei erhielt die Kompanie zehn Minuten Beschuss von einer in Güterglück stationierten Eisenbahnbatterie mit vier 12,8 cm Flak-Geschützen. Das Feuer wurde durch einen Beobachter vom Turm der Elbbrücke geleitet. Sie lagen aber nicht punktgenau und richteten nach amerikanischen Angaben keinen Schaden in den eigenen Stellungen an.

Nachdem das gesamte Industriegelände sorgfältig nach deutschen Soldaten durchsucht worden war, schickten die Amerikaner Patrouillen aus, um das Elbufer zu kontrollieren. Als sich die Angreifer dem Elbdamm näherten, wurde nach amerikanischen Angaben durch einen Artilleriebeobachter vom Flugzeug aus gemeldet, dass gegen 19.45 Uhr die Elbbrücke gesprengt worden war. Mit den angebrachten Sprengmitteln wurde der mittlere Flusspfeiler weggesprengt, und beide Rundjoche knickten an dieser Stelle zusammen und kamen in der Elbe zum Liegen. Ein Kampf um den Zugang der Brücke hatte es nicht gegeben. In diesen Abschnitt stellten die Amerikaner den weiteren Angriff in den späten Abendstunden ein. Das Tagesziel, die Stadt und die Eisenbahnbrücke unzerstört in Besitz zu nehmen, hatten sie nicht erreichen können.

Auf der rechten Seite der Zufahrtsstraße nach Barby war die eingesetzte I/329-Kompanie seit Nachmittag gebunden und nicht vorangekommen. Sie erhielt gegen 20.30 Uhr zu den vier Panzern noch drei zusätzliche Sturmgeschütze und ging zum Angriff über. Die deutschen Stellungen, die nur wenige 100 Meter entfernt lagen, waren in der Dunkelheit von den Panzern und Sturmgeschützen schnell überrannt. Die Amerikaner stießen bis zur Bahnlinie vor, zogen sich aber aus taktischen Gründen wieder in ihre Ausgangsstellung nach Pömmelte zurück. Dabei hatten sich einige der Verteidiger überrollen lassen und beschossen nun die abrückenden Amerikaner. Heute ist diese Stelle vom Kiessee verschluckt worden.

Es war den Amerikanern am 12. April nicht gelungen, in die Stadt einzudringen. Nur ein Haus am Bahnhofsplatz konnte in den späten Abendstunden erobert und zu einem Gefechtsstand ausgebaut werden. Auch einem Spähtrupp gelang es nicht, in die Stadt vorzudringen. Versuche nach 23 Uhr, weiter südlich sich nochmals zu nähern, scheiterten ebenfalls. Intensives deutsches Abwehrfeuer zwang sie abermals zum Rückzug. Die Verteidiger von Barby konnten die Amerikaner vorerst an allen drei Angriffsstellen am weiteren Vordringen in die Stadt hindern, aber

Bombentreffer auf den amerikanischen Gefechtsstand.

auf Dauer mussten sie mehr und mehr in die Straßenzüge der Stadt zurückweichen.

Die Kommandeure des 83. US-Regiments beschlossen, einen Flussübergang in dieser Nacht nicht mehr zu erzwingen. Der Kampf um die Stadt am Nachmittag und Abend war recht schwer gewesen. Die Truppe war nach mehrtägigen Märschen und Kämpfen, Anstrengungen und Müdigkeit zu erschöpft, um den Angriff die Nacht hindurch fortzuführen. Der Flussübergang sollte mit einem Minimum an Verlusten und Menschenleben erreicht werden. Ein Luftangriff, Artillerievorbereitung und ein abgestimmter Angriff für den folgenden Tag um 8.45 Uhr waren geplant. Am 13. April sollte die letzte und entscheidende Phase der Eroberung der Stadt beginnen.

Um 1 Uhr in der Nacht von 12. zum 13. April warf ein deutsches Flugzeug eine Bombe auf das Gebäude, in dem sich der amerikanische Gefechtsstand befand. Dadurch wurde die Hälfte des Hauses zerstört.

Paul Willis aus Canton aus dem US-Bundesstaat North Carolina, damals Sergeant und 24 Jahre alt, einer der ersten amerikanischen Soldaten der G-Kompanie, die den Stadtrand erreichten, berichtete dazu: „Unsere Truppe kam am späten Nachmittag von Nordwesten her an die Stadt und stieß auf starkes Feuer leichter Infanteriewaffen. Dabei erlitten wir auch Verluste. Mein Zugläufer wurde neben einer Reihe anderer getötet. Wir zogen uns zurück und bewegten uns auf ein Gebäude zu und feuerten. Andere schafften es nicht bis zum Haus. Es wurde von uns besetzt, und wir bauten es als Verteidigungsstandort aus. Später in der Nacht flog ein deutsches Flugzeug darüber hinweg und warf eine Bombe ab, die die

Hälfte des Hauses zerstörte. Wir durften und konnten nicht schlafen und ich hörte das Flugzeug kommen. Es war sehr niedrig. Das Ergebnis des Treffers waren teils schwer verwundete und getötete Kameraden.“[40]

Besonders nach dem Bombentreffer kam es zu einem verstärkten Beschuss des Stadtzentrums, wo erhebliche Schäden durch Brände entstanden. Zur gleichen Zeit suchten mehrere Personen hinter einer mittelalterlichen Stadtmauer Schutz, als eine Granate in der Nähe einschlug und durch die Explosion eine Frau und zwei Kinder getötet wurden. Es stand für die Stadt viel auf dem Spiel, als am Ende des Krieges die Gefahr der Vernichtung akut wurde. Luftunterstützung war durch den amerikanischen Kommandeur für den folgenden Tag bereits angefordert. Die Strategie der heranrückenden amerikanischen Truppen am Ende des Krieges, eigene Verluste zu vermeiden, prallte hier hart auf den strikt zu befolgenden Führerbefehl, die Stellungen bis zum Ende zu halten.

Das deutsche Militär verlässt die Stadt

Das deutsche Bataillon hatte die Verteidigungsstellungen vor der Stadt aufgeben müssen und sich in die Stadt zurückgezogen. Wegen der materiellen und personellen Übermacht der Angreifer entschloss sich der Bataillons-Kommandeur, den Widerstand aufzugeben, weil mit den vorhandenen Kräften und akutem Munitionsmangel keine hinhaltende Verteidigung geführt werden konnte. Die beiden US-Bataillone konnten deshalb nicht länger als einen Tag am Vorgehen gehindert werden. Die Brückensprengung war eine sinnlose Zerstörung, denn die Amerikaner hatten auch in Barby ihre eigenen schwimmenden Flussübergänge mitgebracht.

Eine Zeitzeugin im Obstkeller des Rittergutes beschrieb diese Situation: „Wir informierten uns laufend bei den Sanitätern, die die Verwundeten auf dem Stroh verbinden, Instrumente auskochen usw. Gegen 2 Uhr tuscheln die Sanis’, packen langsam ein. Um 3 Uhr ziehen die deutschen Soldaten ab. Die Stadtverwaltung ahnt nichts davon, der Beschuss geht weiter. Niemand hat die weiße Fahne gehisst. Gegen 7 Uhr morgens hisst sie Pastor Fuchs. Der Beschuss hört auf.“[41] Das Fazit des Kampfes um Barby: Alles in allem kein Erfolg für die Verteidiger, der auf beiden Seiten nur unnötige Verluste gekostet hat.

Nach verschiedenen Quellen in der Militärliteratur soll das 1. Bataillon 1064 bei Barby zerschlagen worden sein, was aber nicht eindeutig geklärt ist. Es hatte allerdings größere Ausfälle zu verzeichnen. Die deutsche Militäreinheit verließ in aller Stille von den Amerikanern unbemerkt die Stadt und setzte sich über die Saale bei Klein Rosenburg ab. Als der Morgen des 13. April herandämmerte, war das Bataillon über den Fluss und machte Rast in den Auenwäldern, um nicht von amerikanischen Luftaufklärern gesichtet zu werden. Die amerikanischen Führungsoffiziere waren der festen Meinung, dass sich das deutsche Bataillon über die Elbe abgesetzt hatte. Ein Teilnehmer berichtete über die Absetzbewegung: „Die ganze Einheit zog nachts über Klein Rosenburg, Baalberge in Richtung Harz, wo sich bereits der Ami befand. Dort sollten wir noch Krieg führen, deshalb setzte ich mich ab.“[42] Danach verliert sich der weitere Marschweg vom 1. Bataillon 1064 in Richtung Harz. Der Bataillons-Kommandeur, Hauptmann Henne, geriet am 23. April im Ostharz in Molmerswende bei Harzgerode in amerikanische Gefangenschaft.[43] Nach dem Abzug aus Barby in der Nacht zum 13. April verliert sich der weitere Marschweg und konnte bisher nicht vollständig recherchiert werden. Es gab auch noch einzelne Splittergruppen und versprengte Nachzügler vom Bataillon, welche die Nachricht von der Absetzbewegung wegen der überdehnten Verteidigungslinie nicht rechtzeitig erreichte, nach der Saaleüberquerung in den Raum um Köthen Richtung Dessau abgedrängt wurden und durch den Vormarsch des VII. US-Korps gebunden waren. Nach den G-2 Periodic Reports der Amerikaner gerieten in diesem Bereich noch Angehörige vom 1. Bataillon 1064 in Gefangenschaft. Teile vom Pionierbataillon der Division wurden unter ihrem Kommandeur Oberleutnant Wilhelm Niggemeyer im Harz festgestellt, weitere Teile der Pioniere kamen im Raum bei Köthen in Gefangenschaft. Daraus ist ersichtlich, dass nicht alle Teile des Pionierbataillons im Harz waren. Was zu dieser Zersplitterung führte, war nicht zu ermitteln.

Ob das 1. Bataillon 1064 im Harz noch in Kämpfe verwickelt war, ist nicht bekannt. Es ist nicht auszuschließen, dass die Einheit noch bei Ballenstedt oder im Selketal zum Kampfeinsatz kam. Eine Einheit von „Potsdam 3“ soll in Ballenstedt noch hartnäckigen Widerstand geleistet haben, was zur Beschießung der Stadt und zu Jabo-Angriffen führte. Bei den Kämpfen sollen 20 deutsche Soldaten gefallen sein.[44] Ob es sich bei dieser Einheit von „Potsdam 3“ um Teile vom 1. oder 2. Bataillon gehandelt hat, konnte nicht festgestellt werden.

Zum 1. Bataillon 1064 wäre noch nachzutragen, dass es am 12. April noch eine Kompanie mit etwa 100 Mann zur Verstärkung erhalten sollte, die sich aus fahnenflüchtigen degradierten Soldaten zusammensetzte. Das Führungspersonal bestand aus einem Oberleutnant, einem Leutnant und einigen Unteroffizieren.

Die Kompanie war am 10. April in Döberitz-Dallgow aufgestellt worden, nachdem die Soldaten Tage zuvor dort noch inhaftiert waren. Mit einer Lok und zwei Waggons kam die Kompanie am 12. April um 5 Uhr bei Flötz (vor Barby östlich der Elbe) an und musste sich am Wald in Schützenlöchern eingraben. Gegen 16 Uhr ging es im eiligen Fußmarsch über die Elbbrücke. Im Schutz des Bahndammes sammelten sie am Bahnhof. Ein Kampfeinsatz erfolgte in Barby nicht mehr. Im teilweisen LKW-Transport und Fußmarsch ging es in Richtung Calbe/Saale, wo um 18 Uhr die Saalebrücke passiert wurde. Der weitere Marschweg ging über Schwarz,

Grabstein von Leutnant Burt L. Sloan in den USA.

Zuchau, Beesenlaublingen, Alsleben, Schackstedt, Schackental, Mehringen, Ermsleben, Ballenstedt bis zur Viktorshöhe im Harz bei Friedrichsbrunn. Ab 17. April war die Kompanie ohne Verpflegung und Nachschub. Am 19. April am Ramberg-Kopf wurde die Auflösung bekannt gegeben. Der Rest der Kompanie löste sich auf und ging in Gefangenschaft. Eine Verbindung zum 1. Bataillon 1064 konnte im Harz nicht hergestellt werden.[45]

Die Besetzung der Stadt am 13. April

Nachdem sich das deutsche Militär abgesetzt hatte, informierten Zivilisten die Amerikaner, dass es in der Stadt keinen deutschen Widerstand mehr gäbe. Patrouillen gingen in die Stadt. Der Kommandeur forderte die sofortige Übergabe der Stadt. Der Luftangriff von Bomberstaffeln, der gegen die Stadt angefordert war, wurde abgesagt. Um 9.15 Uhr erklärte sich der Bürgermeister in einer Besprechung mit einem Vorauskommando der Amerikaner bereit, die Stadt zu übergeben. Um 9.45 Uhr übergab er offiziell die Stadt. Endlich war die größte Gefahr für die Stadt gebannt.

Der amerikanische Einmarsch geschah ohne nennenswerte Zwischenfälle. Alle Straßen und Häuser wurden nach deutschen Soldaten und Waffen durchsucht. Die Einwohner durften ihre Häuser nicht verlassen. Alle Eingangstüren der Häuser

Der Amerikaner Eddie Hart.

Sein Gedenkstein auf dem Soldatenfriedhof Margraten/Holland.

mussten unverschlossen bleiben. Der Barbyer Pfarrer Ludwig Fuchs berichtete, dass nach der Besetzung der Stadt die bei den Amerikanern eingegliederten „Poland-Soldaten“ besonders aggressiv waren. Sie drangen teilweise in Häuser ein, beschlagnahmten oder „organisierten“ zum Teil wertvolle Gegenstände und verschenkten diese an im Ort beschäftigte Polen (Fremdarbeiter).

Beim Angriff auf die Stadt Barby erlitten das 2. und 3. Bataillon des 329. US-Regiments nach eigenen Angaben noch erhebliche Verluste. Sie hatten 65 Ausfälle an toten und verwundeten – darunter einen Offizier – zu beklagen.[46] Der getötete Offizier war 1.Lt. Burt L. Sloan vom 643rd Tank Destroyer Bataillon bei der G-Kompanie.[47]

Die meisten Toten fanden auf dem amerikanischen Soldatenfriedhof Margraten bei Maastricht in Holland, auf dem über 8.000 gefallene US-Soldaten beigesetzt sind, ihre letzte Ruhestätte.[47] Auch der Amerikaner Eddie Hart von der G-Kompanie ist im Kampf um Barby gefallen.

Major White, der 24-jährige Kommandeur vom 3. Bataillon des 329. Regiments traf diese Aussage, nachdem er mit seinen Leuten auf heftigen und nicht erwarteten Widerstand in Barby traf: „Es waren die besten Verteidigungsstellungen vor der Stadt, die wir seit langer Zeit angetroffen haben. Es waren meist junge Leute, die zu entschiedenem Widerstand bereit waren. An einer Stelle ließen sie unsere Männer und Panzer durch eine Obstplantage herein und eröffneten dann das Feuer von hinten.“[48]

Auf dem Stadtfriedhof Barby fand auch der Oberleutnant Walter Winter aus Kassel seine letzte Ruhestätte. Über die schicksalsschweren Stunden vom 12. bis 13. April, hervorgerufen durch eine schwere Granatsplitterverletzung, soll aus vorliegenden Aufzeichnungen berichtet werden, die Frau Winter zur Verfügung stellte.

Gräber von „Potsdamern" auf dem Friedhof Barby/Elbe.

In einem Brief an die Witwe schrieb im Januar 1946 ein ehemaliger Kamerad von Walter Winter folgende Zeilen: ... *Über die letzten Stunden Ihres Mannes, sehr geehrte Frau Winter, kann ich Ihnen leider wenig mitteilen, da ich in den Stunden, als Ihr Mann verwundet wurde, nicht bei der Batterie war. Was ich weiß, will ich Ihnen gerne schreiben. Wie Sie schon wissen, wurden wir bei Barby im Erdkampf als Infanterie eingesetzt. Ihr Mann führte in Barby die Soldaten der Flakwaffentechnischen Schule Magdeburg. Es waren harte Stunden, da der Feind sehr stark war. In den Abendstunden wurde die Lage immer kritischer. Ihr Mann und ich hatten uns ausgemacht, diese Stunden gemeinsam zu überstehen. Gegen 20.00 Uhr musste ich auf höheren Befehl und ohne Wissen Ihres Mannes über die Elbe und einen Befehl ausführen. In der Nacht sollte ich wieder zurück, kam aber erst am 13. April, morgens gegen 4.30 Uhr, wieder zur Elbe. Konnte aber nicht mehr nach Barby hinein, da die Fähre bereits gesprengt und Barby aufgegeben war.*

Nachdem ich wieder Anschluss an meine Batterie gefunden hatte, hörte ich, dass Ihr Mann abends vorher schwer verwundet war. Wie die Verwundung und welche Art, wusste keiner genau zu sagen. Es hieß, Granatsplitter in den Beinen.

So viel ich weiß, muss er zwischen 21.00 und 22.00 Uhr noch auf dem Befehlsstand gewesen sein. Meines Erachtens war er noch sehr erregt darüber, dass man mich mit einem anderen Auftrag fortgeschickt hatte, und auf dem Wege vom Befehlsstand zur Stellung ist das Unglück passiert. So viel ich nun in Erfahrung bringen konnte, war zu dieser Zeit keiner der Batterieangehörigen bei Ihrem Mann. Zum allgemeinen Rückzug bekamen wir von Soldaten anderer Einheiten die Meldung, dass Ihr Mann verwundet wäre und sich im Lazarett in Barby befände. Um welche Zeit dieses alles geschah, konnte ich nicht in Erfahrung bringen. Eine große Sorge wurde mir eben vom Herzen genommen dadurch, dass ich wusste, dass Ihr Mann im Lazarett eingeliefert worden war ...[49]

Was hatte sich zugetragen? In den späten Abendstunden des 12. April wurde auf einer Bahre ein schwer verwundeter Offizier durch deutsche Soldaten beim Barbyer Arzt Dr. Rieper eingeliefert. Die Verwundung wurde als eine Zerschmetterung des rechten Oberschenkels diagnostiziert. Eine Amputation machte sich sofort erforderlich. Der schwer Verwundete hatte bereits erheblichen Blutverlust erlitten.

In einem späteren persönlichen Gespräch im Dezember 1945 mit Frau Winter sagte Dr. Rieper: „Ihr Mann hatte sich die Schlagader abgebunden. Er war bei vollem Bewusstsein. Die Amputation verlief komplikationslos. Er war sicher, die Familie bald wieder sehen zu können.“ Auf die Frage: „Warum musste mein Mann sterben?“, antwortete Dr. Rieper. „Als morgens die Amerikaner ins Haus kamen,

Oberleutnant Walter Winter (hier noch als Leutnant).

Grabkreuz von Oberleutnant Winter.

durchsuchten sie es nach Schmuck und Uhren, dann nahmen sie den Patienten mit. Ich wies eindringlich darauf hin, dass der Verwundete sehr bald eine Transfusion haben musste. Somit erfolgte am 13. April die Gefangennahme durch die Amerikaner und isolierte Unterbringung im Krankenhaus. Deutsches Personal hatte keinen Zutritt. Nachmittags gegen 16.00 Uhr trat der Tod ein."[50]

Die Amerikaner machten in Barby 26 Gefangene. Davon waren 19 vom 1. Bataillon 1064 und sieben Gefangene von der Versorgungskompanie der ehemaligen 85. Division.[51]

In einem Bericht schildert ein junger deutscher Soldat seine Erlebnisse vom 11. bis 13. April und wie der Krieg für ihn in Barby zu Ende ging: „Wir waren eine zusammengewürfelte Auswahl von Soldaten. Nach meiner Erinnerung waren die meisten wie ich 16 oder 17 Jahre alt und viele Offiziersanwärter darunter. Wir sollten in Richtung Harz verlegt werden, wo sich große Massen deutscher Truppen sammeln sollten, um von dort aus den letzten großen Schlag gegen die Alliierten zu führen.

Am frühen Morgen des 10. April ging es von Döberitz mit der Bahn in Richtung Süden. Gegen Mittag des 11. rumpelte unser Zug über die Elbbrücke. Während der Zug am kleinen Bahnhof von Barby hielt, heulten die Sirenen, und kurze Zeit später wurde uns befohlen, auszusteigen. Dies war am Nachmittag des 11. April 1945. Uns wurde gesagt, dass die Amerikaner heranrückten und wir unter allen Umständen einen Brückenkopf halten sollten.

Die Kompanien formierten sich auf dem Bahnhofsvorplatz entlang der Laderampe und erhielten ihren Sektor zugewiesen.

Mein Zug sollte Stellung in einem großen Obstgarten des mitten im Ort liegenden Gutshofes beziehen. Dieser war mit einer ca. drei Meter hohen Ziegelmauer umschlossen. Nachdem noch ein Kalb geschlachtet und im Wirtschaftsgebäude zu einer kräftigen Suppe verkocht war, verbrachten wir den größten Teil der Nacht damit, unsere Grantwerfer in Stellung zu bringen und Erdlöcher zwischen den Obstbäumen zu buddeln. Am folgenden Tag gegen Mittag hörten wir stärkeres Schützenfeuer und erhielten Anweisung zum Feuer unserer Granatwerfer. Natürlich fanden die Amerikaner schnell heraus, woher dieses Feuer kam und feuerten ihrerseits mit Artillerie und Granatwerfern heftig in unseren Obstgarten, wobei wir in unseren Löchern Deckung suchten. Trotzdem hielten wir soweit als möglich unser Granatwerferfeuer in Gang, bis das Gefecht am späten Nachmittag dann abflaute. Von dem eigentlichen Schützengefecht konnten wir nichts sehen, weil unsere Stellung, wie gesagt, von einer hohen Mauer umschlossen war und hörten nur das andauernde Schützenfeuer. Die meisten von uns waren todmüde zu dieser Zeit, denn die vorhergehende Nacht hatte wenig Schlaf gebracht, dazu das Gefecht den ganzen Tag. Unter einem Vorwand erbat und erhielt ich die Erlaubnis meines Feldwebels, mich in eine nahe gelegene Scheune zurückzuziehen, um mich zu waschen und etwas auszuruhen. Als ich mich dort ins Stroh legte, schlief ich sofort und fest ein und erwachte erst wieder gegen Mitternacht, als eine Granate im Dachfirst explodierte und mich mit einem etwa 5-Mark-Stück großen Splitter hinter meinem linken Ohr am Kopf verwundete. Dieser Splitter war zum Glück am Ende seiner Kraft, denn er durchschlug nicht den Knochen, sondern riss mir nur die Haut auf und blieb auf dem Knochen liegen. Ich verbrannte mir die Finger, als ich ihn anfasste, denn er war noch glühheiß.

Danach sprang ich auf und ging aus der Scheune, um mich wieder zu meinem Zug zu begeben, aber ich fand die Stellung verlassen und meinen Zug nirgendwo in Sicht, auch nicht außerhalb des Gutsgartens auf den Straßen Barbys. Da meine Wunde erheblich blutete, suchte ich ein nahe gelegenes Haus auf, dessen Einwohner im Keller Schutz gesucht hatten. Eine Frau, die entweder Krankenschwester oder Ärztin war, verband sachkundig die Wunde, und ich blieb in diesem Keller bis zur Morgendämmerung. Danach wanderte ich durch die Straßen Barbys, wo ich keine deutschen Soldaten mehr antraf, außer einigen verwundeten oder genesenden unbewaffneten Soldaten. Ich hatte zu dieser Zeit noch immer mein Sturmgewehr 44 bei mir, um noch als 'Kombattant' und nicht als 'Deserteur' zu gelten. Nach einiger Zeit kam ich dann an den kleinen Seitenarm der Elbe. Hier warf ich nach einiger Überlegung mein schönes Gewehr in das Wasser und ging zurück zur Stadtmitte. Die ersten Amerikaner, die ich sah, waren zwei Mann in einem Jeep, die mich fragten: „Where is the way to Dessau?" Ich wies stumm in die Richtung, und der Jeep fuhr weiter. Kurz danach, wieder in der Nähe der Gutshofmauer, kam dann eine amerikanische Patrouille die Straße entlang und forderte mich auf, die Hände zu heben. Damit war der Krieg nun wirklich zu Ende für mich an diesem 13. April 1945 in Barby an der Elbe."[52]

Der amerikanische Brückenkopf bei Barby

Am 13. April um 13.30 Uhr überquerten die Amerikaner unter dem Schutz ihrer Artillerie und einer künstlichen Nebelwand in 34 Pionier-Sturmbooten, die zum Teil gerudert wurden und zum Teil auch Außenbordmotore hatten, innerhalb von 30 Minuten die 180 Meter breite Elbe. Der Elbübergang vollzog sich zur Überraschung der Amerikaner nach Plan ohne nennenswerte deutsche Gegenwehr.

Bau einer Spurbahnenfähre am Westufer der Elbe.

Die Pioniere begannen gegen 14.45 Uhr mit dem Bau von vier Spurbahnenfähren mit Antriebsmotor. Mit dem Einsatz dieser Fähren konnten Fahrzeuge, mittlere Panzer und Panzerabwehrgeschütze übergesetzt werden. Das war die Rettung des Brückenkopfes, denn so konnten etwas später mehrere deutsche Angriffe durch ein Bataillon der Division „Scharnhorst" abgewehrt werden.

Am Abend des 13. April gegen 19 Uhr begann das Pionierbataillon mit dem Bau einer Pontonbrücke an der Fährstelle, die am Morgen des 14. April gegen 7 Uhr fertig gestellt wurde. Während der Nacht waren zwei Scheinwerfer im Einsatz, einer an der Fährstelle und der andere etwas weiter stromabwärts, die mit großer Strahlkraft das weitere Übersetzen über die Elbe und den Brückenbau ausleuchteten. Nach Fertigstellung der Brücke konnten die Amerikaner den errichteten Brückenkopf mit Artillerie, Bataillons-Nachschub, weiteren Einheiten und einem Kampf-

Die Amerikaner setzten Militärtechnik über die Elbe.

kommando von der 2. Panzerdivision aus Schönebeck verstärken. Deutsche durften sich in der Nähe der Pontonbrücke nicht aufhalten.

Am 16. April 1945 weihten hohe Kommandeure, darunter General Simpson, Kommandeur der 9. US-Armee, die Pontonbrücke über die Elbe auf den Namen des neuen amerikanischen Präsidenten Harry S. Truman. Auf einer Tafel, die sie enthüllten, stand: „Truman-Bridge – Gateway to Berlin over the Elbe". Darunter hieß es weiter „Courtesy 83d Thunderbolt Division constructed by 295 Engr. Bn., 992 Bridge Co". General Simpson beglückwünschte den Kommandeur der 83. US-Division, General Robert C. Macon, und alle Soldaten der Division, für die Leistungen von mehr als 200 Meilen, die sie innerhalb von zehn Tagen bis zur Elbe kämpfend zurückgelegt hatten. Die Leistung der 83. Division, als eine Infanterie-Division, die mit der 2. US-Panzer-Division Schritt halten und dann eine Brücke über die Elbe bauen und festhalten konnte, nachdem die 2. Panzer-Division gezwungen war, ihren Brückenkopf bei Schönebeck-Elbenau aufzugeben, war eine bemerkenswerte Geschichte.

Der amerikanische Zeitungsreporter Ernest Leiser, Stabsreporter bei „Stars und Stripes", hatte dem 329. Regiment der 83. US-Division den Spitznamen „Rag-Tag Cirkus" (Lumpenzirkus) gegeben. Der Verband, der mit besonderem Schneid von Oberst Edwin B. Crabill befehligt wurde, litt unter einem speziellen Mangel, der auch anderen Infanterie-Regimentern zu schaffen machte. Die Versorgungskompanie verfügte gerade über genug Lastkraftwagen, um eines der drei Bataillone zu

Die „Truman-Bridge" über die Elbe bei Barby.

transportieren. Um dennoch schneller voranzukommen, hatten Crabills Männer zu den eigenen Transportmitteln deutsche Lastkraftwagen, Feuerwehrautos, Autobusse, PKW, also alles, was Räder hatte, requiriert. Zur Kenntlichmachung wurden an und auf den Fahrzeugen die weißen Sterne als amerikanische Erkennungszeichen aufgemalt. So bot das 329. Regiment wirklich einen abenteuerlichen Anblick, eben wie ein „Lumpenzirkus".[47]

Gleichzeitig erhielt die 83. US-Infanterie-Division an diesem Tag auch die Order. „Wir gehen über die Elbe, halten den Brückenkopf und treffen die Russen." Das eben noch genannte Ziel, ein Tor für den Sturm nach Berlin aufzustoßen, wurde aufgegeben. Mit diesem Stopp an der Elbe überließen die westlichen Alliierten den Sturm auf Berlin den Russen, was bei den GI's große Enttäuschung auslöste. Vom Brückenkopf Barby aus war Berlin nicht mehr weit entfernt. Eisenhower hatte den Halt angeordnet. Berlin war nach seiner Meinung durch die vielen Bombardierungen nur noch eine Ruinenstadt und hatte für ihn seine politische Bedeutung verloren. Da sich Hitler in der letzten Phase des Krieges in die Alpenfestung nach Bayern absetzen würde, ließ er seinen Kommandeuren erklären: Da die militärischen Ziele erreicht seien, dürfte kein amerikanischer Soldat mehr Opfer dieses Krieges werden. Außerdem wollte er sich an die Abmachungen von Teheran und Jalta halten.

Die Amerikaner sahen ihre Aufgabe darin, nur noch den Schutz der Elbe-Mulde-Linie zu gewährleisten.

Eine weitere Brücke über die Elbe zwischen Breitenhagen und Tochheim erhielt den Namen „Franklin Roosevelt Brücke".

Die Truman-Bridge wurde inzwischen von einem Flakbataillon mit achtzehn Geschützen gesichert. Die deutsche Wehrmachtsführung versuchte in den folgenden Tagen mehrmals vergeblich, durch gezielte Luftangriffe den Flussübergang zu zerstören. Auch der Einsatz durch Treibminen und Kampfschwimmern brachte keinen Erfolg.

Es war der einzige Brückenkopf östlich der Elbe, der von den amerikanischen Einheiten trotz aller deutschen Gegenwehr erfolgreich verteidigt, gehalten und am Kriegsende an die Rote Armee übergeben werden konnte. Er ging als „Brückenkopf bei Barby" in die Kriegsgeschichte ein. Am 7. Mai 1945 räumten die letzten Amerikaner das östlich der Elbe vor Zerbst eroberten Gebiet.

Nach der Einnahme der Stadt Barby errichteten die Amerikaner ab 13. April in den Schafställen des Gutes am Colphus ein Sammellager für deutsche Kriegsgefangene. An Elbe und Mulde mussten die Amerikaner nun die Massen an Kriegsgefangenen aufnehmen.

Überall ergaben sich kleinere und größere Gruppen deutscher Soldaten. Keiner wollte mehr sterben. Vollbeladene LKW mit Gefangenen kamen von der westlichen Seite der Elbe aus dem Raum vor Zerbst. Ein Betroffener beschreibt seine Situation wie folgt: „Zu essen und zu trinken gab es nichts. Einige Frauen reichten schon mal ein Stück Brot, ein Konservenglas oder Obst über den Zaun. Die Wachposten ließen es gewähren. Danach begannen die Vernehmungen. Dazu mussten die Gefangenen in Zehnergruppen antreten. Nach kurzem Aufenthalt standen

Viele deutsche Soldaten gingen in amerikanische Gefangenschaft, um nicht in russische Hände zu gelangen.

plötzlich Sattelschlepper bereit, um die Gefangenen abzutransportieren. Auf einer Ladefläche des Sattelschleppers hatten vielleicht 100 Leute Platz, mehr als 150 zwangen die Posten darauf. Vorn ein Posten gleich hinter dem Fahrerhaus und einer hinten an der Ladeklappe.

Wohin die Reise ging, wusste keiner. Die erste Etappe der Fahrt ging von Barby bis Hildesheim. Danach hieß das Ziel Bielefeld-Brackwede. Das wenige Wasser, das man haben konnte, reichte nicht zum Waschen, sondern nur zum Trinken. Bei der Abfahrt von Brackwede wurde erstmals gezählt und jeder bekam eine amerikanische R-Ration übergeben. Kleine Büchsen, wir brachen vor Hunger schnell den Öffner vom Boden, drehten den Deckel oben ab und fanden darin Corned Beef. Im nächsten Augenblick war die Büchse leer.

Die Reise von Brackwede aus endete in Rheinsberg um Mitternacht auf einem Kornfeld, später als Cages bezeichnet, die lediglich durch kleine weiße Bänder an in den Boden gestoßenen Pflöcken abgeteilt waren. An jeder Ecke war ein Ami-Posten mit MG auf einer Lafette, so dass niemand seinen zugewiesenen Platz verlassen konnte. Dieses Rheinwiesenlager waren gerade erst eingerichtet, weil niemand wußte, wohin mit den inzwischen Millionen gefangener Soldaten.

Erdbehausungen im „Rheinwiesenlager" bei Sinzig.

Die Ankömmlinge wurden sofort überfallen mit Fragen: 'Hast Du eine Zigarette Kamerad?' 'Woher kommt ihr? Sind die Russen schon an der Elbe?' Weit und breit nur hockende oder schlürfende Gestalten. Was los war in der Welt, erfuhren wir nicht. Es gab nur Latrinen-Parolen, wie man Neuigkeiten nannte, die meist so unwahrscheinlich waren, dass sie nur kranken Hirnen entsprungen sein konnten. [53]

Alle Soldaten glaubten, seitens der Amerikaner eine humanere Behandlung zu erhalten als bei den Russen. Doch im Westen zu sein, bedeutete noch nicht die Rettung. Den Amerikanern ergaben sich in den letzten Kriegstagen so viele deutsche Soldaten, dass die US-Armee überfordert war. Allein in den Lagern am Rhein bei den „sogenannten Rheinwiesen" gab es mehr als 700.000 Gefangene, deren Versorgung zeitweise katastrophal gewesen ist. Ein Liter Reissuppe (drei Körner und eine Rosine), mittags Dörrgemüse, pro Mann ein Liter, abends 18 Mann ein Brot.[54] Die Folge war, dass die insgesamt dreizehn hoffnungslos überfüllten Lager eine relativ hohe Sterblichkeitsrate aufwiesen. Viele Wehrmachtsangehörige haben die Gefangenschaft in diesen provisorischen Lagern, nicht überlebt. Nach Hinweisen der Kriegsgräberfürsorge fehlt von allen Kriegskampfstätten und Lagern in Europa von etwa einer Million Wehrmachtssoldaten bis heute jede Spur.

Grabstellen von Soldaten der „Division Potsdam“, die während der Kampfhandlungen gefallen sind.

Von den Kampfhandlungen im Harz zeugen heute noch in den umliegenden Gemeinden von Blankenburg viele Soldatengräber. Es waren überwiegend junge Soldaten. Sie waren meistens nur wenige Stunden im Fronteinsatz gewesen.

Todesort	Gefallene	Truppenteil
Hüttenrode	43	darunter auch vom Regiment Potsdam 1
Kloster Michaelstein	12	Regiment Potsdam 1
Neuwerk/Kreuztal	5	Regiment Potsdam 1
Allrode	20	Regiment Potsdam 2
Altenbrak	39	Regiment Potsdam 2
Hasselfelde	35	Regiment Potsdam 2
Stiege	4	Regiment Potsdam 2
Treseburg	23	Regiment Potsdam 2
Wienrode	22	Regiment Potsdam 2
Günthersberge	16	Regiment Potsdam 2
Großpaschleben	24	Regiment Potsdam 2
	2	Regiment Potsdam 3
Barby	ca. 50	Regiment Potsdam 3
Ballenstedt	17	Regiment Potsdam 3
Heimburg	18	Regiment Potsdam 3

Nach dem Ende der Kämpfe in den einzelnen Gemeinden wurden die deutschen Soldatengräber eingerichtet. Viele liegen als unbekannte Soldaten in den Kriegsgräberstätten. Gepflegt wurden sie von den Gemeinden und Privatpersonen. Oftmals legten Unbekannte Blumen nieder. Während der DDR-Zeit gab es keinerlei Gedenken für die gefallenen deutschen Soldaten. Opfer, das durften jahrzehntelang nur Antifaschisten und Soldaten der Roten Armee sein. Wer von deutschen toten Soldaten sprach, geriet schnell in Verdacht, ein Militarist zu sein.

Hüttenrode: Auf dem Friedhof wurden 43 deutsche Soldaten beigesetzt, die bei den Kampfhandlungen um Hüttenrode ihr Leben lassen mussten. Sie sind in der Zeit zwischen dem 12. und 19. April 1945 gefallen. Bei den Gefallenen handelt es sich nach Auskunft der Deutschen Dienststelle (WAST) in Berlin um Soldaten verschiedener Waffengattungen. In einigen Fällen finden sich auch Hinweise auf Gefallene des Grenadierregiments von Potsdam 1 (1053), die hier im Einsatz waren.[55]

Treseburg: Der Ort wurde am 18. April 1945 von den Amerikanern eingenommen. Da sich hier noch harte Kämpfe abspielten, ist eine Reihe deutscher und amerikanischer Soldaten gefallen. Die Amerikaner richteten ihren Gefechtsstand im

Hotel „Bodetal“ ein. Am nächsten Morgen ging ein deutscher MG-Trupp vor und eröffnete aus ca. einhundert Metern das Feuer auf den amerikanischen Gefechtsstand. Danach zog sich der Trupp sofort zurück. Es ist nur sicher, dass einige Amerikaner verwundet worden sind. Unter ihnen soll sich der Bataillonskommandeut befunden haben. In der Nähe des Ortes wurden neun Hitlerjungen eines Wehrertüchtigungslagers gefangengenommen. Ein Zehnter konnte der Gefangennahme entkommen und sich verstecken. Als Kindersoldaten sollten sie die „Festung Harz“ mit verteidigen, waren jedoch von ihrem Vorgesetzten nach Hause geschickt worden. Als sie am Ortseingang Treseburg ankamen, wurden sie von den US-Soldaten gefangen genommen. Einige der Jungen waren erst 15 Jahre. Sie trugen eine weiße Fahne und waren unbewaffnet.

Die Amerikaner führten die Gefangenen in ein nahes Waldstück. Dort töteten sie die neun Hitlerjungen durch Genickschuss. Grund für das Verbrechen könnte ein Racheakt wegen des Beschusses vom Vortag gewesen sein. Einwohner des Ortes erhielten den Befehl, die Leichen sofort zu bestatten. Mit drei älteren gefallenen Wehrmachtsangehörigen sind sie in einem Massengrab innerhalb des Ortsbereiches beerdigt worden.[56]

Bei den im November 1951 aus dem Sammelgrab durchgeführten Umbettungen konnte festgestellt werden, dass es sich um die neun Jugendlichen aus dem Heimatgebiet Mainfranken handelte. Todesursache: Genickschuss. Die Namen konnten inzwischen ermittelt werden. Fünf weitere Tote waren Soldaten, bei denen nicht feststand, dass sie erschossen wurden.

Auf dem Friedhof in Treseburg steht seit Mitte Juni 2012 eine Tafel mit den Namen, die an die jugendlichen Opfer erinnert. Eine zweite Tafel verweist auf fünf tote deutsche Soldaten. Drei Namen sind bekannt, und zwei Tote gelten als unbekannt. Aus Aufzeichnungen geht hervor, dass in Treseburg weitere Gefallene bzw. zu Tode gekommene deutsche Soldaten in Breuna/Hessen durch den amerikanischen Gräberdienst nach Mitteilung vom 3.11.1995 durch die Deutsche Dienststelle WAST bestattet worden sind.

Altenbrak: Die sterblichen Überreste der gefallenen deutschen Soldaten aus den provisorischen Gräbern aus den Waldgebieten wurden am 25. und 26. November 1975 entfernt und die Gebeine der Toten auf den Städtischen Friedhof in Blankenburg in ein Massengrab überführt. In diesem Grab sind auch die gefallenen Soldaten aus den Waldgebieten um Wendefurth, Elend, Sorge und die zwei an der B 81 gefallenen deutschen Wehrmachtsangehörigen, der Obergefreite Brink und Soldat Heinrich Meier, enthalten.

Die amerikanischen Gefallenen vom 18. Regiment der 1. US-Infanteriedivision wurden umgehend aus dem Kampfgebiet vom eigenen Gräberdienst abtransportiert, so dass es keine Informationen über deren Verluste gibt.[57]

Gedenkstein Friedhof Treseburg.

Umbettungen aus den Waldgebieten von Altenbrak nach Blankenburg

Langehornstraße:

Grenadier	Claus Forkert	geb. 08.01.1928	gef. 18.04.1945
Uffz.	Wolfgang Granso	geb. 17.07.1926	gef. 18.04.1945
Soldat	Horst Hunger	geb. 20.05.1927	gef. 18.04.1945

Finkenhai, rechts der Einfahrt:

Schütze	Johann Weiß	geb. 04.09.1905	gef. 18.04.1945

Finkenhai, links des Weges

Uffz.	Friedrich-Alfred von Hülst	geb. 26.08.1926	gef. 18.04.1945
Obergefreite	Kurt Kunze	geb. 03.12.1909	gef. 18.04.1945
Grenadier	Josef Hansen	geb. 01.08.1907	gef. 18.04.1945
Grenadier	Helmut Kowalski	geb. 04.02.1927	gef. 18.04.1945
Obergefreite	Rudolf Wölflick	geb. 05.03.1904	gef. 18.04.1945
Kanonier	Erich Scheid	geb. 17.07.1907	gef. 18.04.1945

An der Windenhütte:

Uffz.	Heinz Janczikowski	geb. 22.01.1926	gef. 18.04.1945

Kanonier	Vitalis Scheike	geb. 26.02.1923	gef. 18.04.1945

Am Urwald:

Obergefreite	Wolfgang Strauch	geb. 02.02.1923	gef. 18.04.1945

Boßleichschlucht:
Unbekannt (zwei Soldaten ?)

Kriegsgräber Friedhof Wienrode

Gedenkstein Friedhof Wienrode.

Oberst Fritz Grassau, Kommandeur des Grenadier-Regiments 1054 „Potsdam 2“, wurde mit Angehörigen seines Stabes am 20. April 1945 bei Wienrode an der damaligen Reichsstraße 81 tot aufgefunden. Grassau wurde mit weiteren 21 Soldaten auf dem Gemeindefriedhof Wienrode beigesetzt.

Im Mai 1996 fanden sich einige ehemalige Wehrmachtsangehörige der 68. Infanterie-Division, bei der Grassau im Jahre 1939 Kompaniechef im Regiment 188 gewesen war, zusammen, um Grassau und weiteren Gefallenen eine würdige Ruhestätte zu errichten. Durch Initiative von Rudolf Oriwohl aus Bad Harzburg konnte auf eigene Kosten ein Gedenkstein aufgestellt werden.

Friedhof in Großpaschleben bei Köthen

Namen von Gefallenen vom 2. Bataillon 1054/Potsdam 2 und vom 2. Bataillon 1064/Potsdam 3

Alle am 15. April gefallen. Ein Gedenkstein am Reihengrab erinnert an die Gefallenen.

Horst Seifert	geb. 25.08.1928	Potsdam 2
Klaus Hiller	geb. 22.01.1927	Potsdam 2
Hans Waschke	geb. 02.03.1920	Potsdam 2
Ulrich Erner	geb. 18.12.1925	Potsdam 2
H.R. Wieder	geb. 23.12.1926	Potsdam 2
E.R. Chantelan	geb. 20.12.1926	Potsdam 2
Horst Lindner	geb. 15.04.1927	Potsdam 2
Willi Werner	geb. 13.11.1927	Potsdam 2
Helmut Richter	geb. 15.05.1926	Potsdam 2
Kurt Jäger	geb. 03.02.1927	Potsdam 2
Wolf Westphal	geb. 14.09.1927	Potsdam 2
Willi Zenth	geb. 25.05.1914	Potsdam 2
Alfred Kicherer	geb. 02.08.1927	Potsdam 2
Wilhelm Quadt	geb. 31.08.1922	Potsdam 2
Gottfried Gill	geb. 25.11.1927	Potsdam 2
Kurt Blank	geb. 13.09.1927	Potsdam 2
Kurt Neusser	geb. 24.05.1927	Potsdam 2
Ernst Fritz	geb. 24.01.1925	Potsdam 2
Wilhelm Staub	geb. 06.10.1925	Potsdam 2
Werner Völker	geb. 29.04.1927	Potsdam 2
Hans Techritz	geb. 26.07.1926	Potsdam 2
Rolf Schütze	geb. 12.03.1924	Potsdam 2
? Königshoven	geb. 12.03.1924	Potsdam 2
Rudi Walter	geb. 09.10.1927	Potsdam 3
Paul Schulz	geb. 03.08.1926	Potsdam 3
Ein Unbekannter		

Gefallene deutsche Wehrmachtsangehörige bei den Kämpfen um Barby

Vom zentralen Suchdienst in Berlin gibt es eine Auflistung über Wehrmachtsangehörige, die bei den Kämpfen in Barby gefallen sind und zwar:

Erich Feisthauer	geb. 20.06.1927	gef. 12.04.1945
Ottokar Felske	geb. 22.04.1927	gef. 12.04.1945
Gerhard Gehring	geb. 12.08.1927	gef. 12.04.1945
Emil Hörhold (Hauptmann)	geb. 18.08.1881	gef. 12.04.1945
Ludwig Köhler (Oberfeldwebel)	geb. 10.03.1914	gef. 12.04.1945
Hans-Dietrich Kopsch	geb. 28.02.1927	gef. 12.04.1945
Werner Lehmann	geb. 07.05.1927	gef. 12.04.1945
Hans Meindl	Geburtsdatum unbekannt	gef. 12.04.1945
Gerhard Morscheck	geb. 22.07.1927	gef. 12.04.1945
Udo Kurz	geb. 30.03.1927	gef. 12.04.1945
Oskar Rennollet (Uffz.)	geb. 28.07.1914	gef. 12.04.1945
Horst Sass	Geburtsdatum unbekannt	gef. 12.04.1945
Ottfried Schuhmann	geb. 31.01.1927	gef. 12.04.1945
Alois Tarkus	geb. 02.03.1927	gef. 12.04.1945
Günther Erdmann	geb. 20.08.1927	gef. 12.04.1945
Ewald Gahn	geb. 08.04.1927	gef. 12.04.1945
Karl-Heinz Kling (Uffz)	geb. 06.07.1925	gef. 12.04.1945
Walter Winter (Oberleutnant)	geb. 20.04.1917	am 13.04.1945 im Krankenhaus Barby verstorben

Bei den Kampfhandlungen sollen 40–50 deutsche Soldaten gefallen sein, die auf dem Städtischen Friedhof ihre letzte Ruhe gefunden haben. Es existieren 20 Einzelgräber. In der Stadtverwaltung gibt es eine weitere Kriegsgräberliste über 24 gefallene unbekannte Soldaten, die in einer nicht näher bezeichneten Grablage beigesetzt wurden. Welche Umstände zu der fehlenden Nachweisführung, Dokumentation und Archivierung in der damaligen Zeit geführt haben, ist heute nicht mehr zu rekonstruieren, weil die Zeitzeugen nicht mehr zur Verfügung stehen.

Weiter gibt es 15 unbekannte Wehrmachtsangehörige, alle am 12.4.1945 bei Barby gefallen sind, von denen keine Erkennungsmarke, Name und Geburtsdatum vorhanden ist. Acht Soldaten wurden als Wasserleichen aus der Elbe geborgen, beziehungsweise sind im US-Gefangenenlager in Barby durch ihre Kriegsverletzungen verstorben.

Die Auflistung erhebt keinen Anspruch auf Vollständigkeit.

3. Einzelheiten zu den Führer-Nachwuchs-Divisionen

a) Gliederung:

Gliederung und Stärken gemäß I.D.45, jedoch alle Divisionen ohne I. Abteilung des ArtRgt und ohne FeldersatzBtl.

b) Personal:

Das Personal (Uffz.u.Mannsch.) für die fehlenden Teile der GrenRgter und das DivFüsBtl war durch den Generalinspekteur für den Führer-Nachwuchs (G.I.F.) aus den Schulen und Lehrgängen des Heeres zu stellen. Fehlendes Personal war durch den Aufstellungs-Wehrkreis unt Rückgriff auf Ersatzpersonal aller Art mit einer Grundausbildung bis herab zu 8 Wochen zu ergänzen, wobei auf bereits für sonstige Vorhabe verplantes Personal zurückgegriffen werden konnte.

Offiziere wurden durch Heerespersonalamt, z.T. von den Schulen, z.T auch aus der Führer-Reserve Ost (Potsdam) zugewiesen.

c) Material:

Waffen, Geräte und Kraftfahrzeuge sollten weitgehend durch G.J.F. au den Beständen der Schulen zur Verfügung gestellt werden. Fehlende Kraftfahrzeuge, Bespannfahrzeuge und Fahrräder konnten im Beschlag nahmeverfahren beschafft werden.

d) Stärke der Rahmen:

Für DivStab, NachrAbt und VersorgungsTruppen war Zuführung von Divisions-Rahmen aus dem Feldheer befohlen. Die Stärke der abgegebenen Rahmen war unterschiedlich; gemäß einem Fernschreiben der OrgAbt v.8.4.45 betrug sie bei

85.I.D.: DivStab, NachrAbt u.VersorgTruppen = 9000-1000 Mann
340.I.D.: DivStab, VersorgTruppen = Stärke noch nicht bekannt
18.V.G.D.: DivStab, 1/2 NachrAbt, Teile d.Vers.Tr. = Stärke noch nicht bekannt

übrige Divisionen: VersorgRgt 190 der 190.I.D., sonst keine Angaber

e) Stämme für ArtRgt:

Zur Stammbildung der ArtRgter wurde die Zuführung von ArtAbt aus Heerestruppen in derzeitiger personeller und materieller Gliederung zur kriegsgliederungsmäßigen Eingliederung wie folgt befohlen:

I.D. "Potsdam"	: III. u. VI. Abt/VolksArtKorps 412
I.D. "U.v.Hutten"	: Stab u.IV./ " " " 411
I.D. "Scharnhorst"	: Stab, I.u.IV./ " " " 412

f) Zuführung für PzJgAbt.:

Für I.D. Potsdam wurden zugeführt:

Jagd-PzKp 1185 mit GrenBeglZug 3.(Fla)Kp/PzJgAbt 185	(als Volleinheit
Stab u.StabsKp 1.(mot Z) Kp	(als Personaleinheit

Die Sonderbefehle für die beiden anderen Divisionen fehlen.

g) Zuführung von Nachr.u.PiEinheiten:

Für die I.D."Scharnhorst" waren

- die NachrAbt durch NachrLehrRgt Halle
- das PiBtl durch PiSchule Dessau-Rosslau

als Volleinheit aufzustellen.

h) Bezeichnung der Truppenteile:

Bis zur endgültigen Festlegung der Nummernbestimmung[3] führten die Verbände die Divisionsbezeichnung mit laufender Durchnumerierung innerhalb der Waffengattung.

Eine Ausnahme bildete die I.D."Potsdam" (85.I.D.), die ihre alten Nummernbezeichnungen wie folgt führte:

GrenRgt 1024, 1053 u.1054
übrige Truppenteile 185
JagdPzKp 1185.

4. Einzelheiten zu den RAD-Divisionen:

a) Gliederung:

Gliederung und Stärken gem.I.D.45 mit folgenden Änderungen:

(1) I.D.z.b.V. 1 - 3:

- ArtRgt ohne I.Abt.
- kein F.E.B.
- anstelle 1.Kp.(mot Z) der PzJgAbt: PanzerzerstörerKp
- anstelle DivNachrAbt: nur DivNachrFührer und 1 gemischte DivNachrKp (t mot).

(2) I.D.z.b.V.4:

- anstelle 13.(J.G.)Kp der GrenRgter: je 1 GranWerfKp zu 18 m. Gr.W. gemäß Sondergliederung
- ArtRgt zu 2 leAbt mit je 3 Bttr (je 6 le.F.K.7,5 cm) und 1 schwAbt mit 2 Bttr (je 4 s.F.H.)
- anstelle PzJägerAbt: 1 PzJagdVerband mit Stab und 3 Kp gem. Sondergliederung
- anstelle DivNachrAbt: nur Div NachrFührer mit 1 gemischten NachrKp (t mot)
- kein FEB

b) Personal:

(1) Einen Überblick über die personelle Zusammensetzung - und zugleich über die Vorüberlegungen für diese Aufstellungen - gibt die nachstehende Vortragsnotiz aus den Akten des Heerespersonalamtes:

3) Soweit feststellbar, nicht mehr erfolgt.

Dok. Nr. 3: Truppenstärke einer Infanterie-Division 1945

3 Grenadier-Regimenter je Regiment mit
- 2 Bataillonen zu je
  - 3 Grenadier-Kompanien (Nr. 1-2-3, 5-6-7)
  - 1 schwere Kompanie (Nr. 4 u. 8) mit
    - – 4 l. Infanterie-Geschützen
    - – 6 mittleren Granatwerfern
- 13. Schwere Kompanie mit
    - – 2 s. Infanterie-Geschützen
    - – 8 s. Granatwerfern
- 14. Pak-Kompanie mit
    - – 54 s. Panzerschreck
    - – 18 in Reserve
- 1 Füsilier-Bataillon zu
  - 4 Füsilier-Kompanien auf Fahrrädern
- 1 Panzerjäger-Abteilung mit
  - 1 schweren (mot.) Panzerjäger-Kompanie mit
    - – 12 schweren Panzerabwehrkanonen
  - 1 Sfl.-Panzerjäger-Kompanie mit
    - – 14 Selbstfahrlafetten
  - 1 mittleren (mot.) Flak-Kompanie mit
    - – 9 x 3,7-cm-Flak

1 Artillerie-Regiment mit
- 3 leichten Artillerie-Abteilungen, je Abteilung mit
  - 2 l. Feldhaubitzen-Batterien (Nr. 1-2, 4-5, 7-8) mit
    - – 4 leichten Feldhaubitzen 10,5 cm
- 1 leichten Feldgeschütz-Batterie (Nr. 3, 6 u. 9) mit
    - – 6 x 7,5-cm-Feldgeschützen
- 1 schweren Artillerie-Abteilung mit
  - 2 schweren Feldhaubitzen-Batterien (Nr. 10-11) mit
    - – 6 schweren Feldhaubitzen 15,0 cm

1 Pionierbataillon mit
- 3 Kompanien (1-3, Nr. 2 u. 3 auf Fahrrädern) mit je
    - – 2 schweren MG
    - – 2 mittleren Granatwerfern
    - – 6 Flammenwerfern

Nachrichtenabteilung mit
- 1 Fernsprech-Kompanie (teilmotorisiert)
- 1 Funk-Kompanie (motorisiert)

Feldersatz-Bataillon mit
- 4 Kompanien mit je
    - – 6 mittleren u. 4 schweren Granatwerfern
    - – 1 l. Infanterie-Geschütz und 1 l. Feldhaubitze
    - – 1 mittlere und 1 schwere Pak
    - – 6 Panzerschreck-Waffen
    - – 56 Sturmgewehre

Versorgungs-Regiment

Anmerkungen

1 *Verbände und Truppen der deutschen Wehrmacht und Waffen-SS im Zweiten Weltkrieg* von Georg Tessin, BIBLO Verlag, Osnabrück 1980
2 Archivunterlagen von Gottfried Becker aus Bad Lausick
3 Angaben nach Archiv und Militärhistoriker Kurt Mehner aus Rinteln
4 *Die Ritterkreuzträger* von Erwin Lenfeld und Franz Thomas, Wiener Neustadt 1983
5 *Das Deutsche Heer* von Wolfgang Keilig, Bad Nauheim 1957
6 Mitteilung Zieglers an den Autor
7 Angaben nach Archiv K. Mehner aus Rinteln
8 *Der Zweite Weltkrieg*, Gütersloh/München 1999
9 *Das Finale. Die letzten Hundert Tage* von John Toland, S. 355–356
10 *Schicksalstage im Harz* von Günter Bornemann
11 FAZ Nr. 95 vom 24. April 1995
12 *Zeitzeugen* von Zeitfuchs/Schirmer, S. 96
13 Erlebnisbericht von Enno Stephan
14 *Alte Kameraden,* Heft 4/1983
15 Aufzeichnung vom Archiv Gottfried Becker
16 Schreiben von Voerster an Becker vom 8. August 1999
17 *Die Kämpfe um den Harz im April 1945,* S. 253
18 *Krieg in der Heimat ...bis zum bitteren Ende im Harz* von Ulrich Saft, S. 339
18 Mündliche Mitteilung von Frau Lorenz am 9. Mai 2000 an den Autor
20 *Alte Kameraden,* Heft 3/1985
21 *Das letzte Aufgebot. Kämpfe der 12. deutschen Armee im Herzen Deutschlands zwischen West und Ost vom 12.04.1945 – 07.05.1945* von Günter Reichhelm
22 Erlebnisbericht von Alfred Decker vom März 1996
23 Aufzeichnung von Dr. Jur. Ernst Eilsberger, Bernburg vom 17.8.1945
24 *Die Dessauer Chronik,* Sonderheft. Speerspitze auf Dessau, S. 12–13
25 *G-2 Periodic Report,* Nr. 203 der 83. US-Division vom 14. April1945
26 *G-2 Periodic Report,* Nr. 292 vom 16. April 1945
27 *G-2 Periodic Report,* Nr. 293 vom 17. April 1945
28 Bericht von Gottfried Becker vom 20. Dezember 1998 liegt beim Autor vor
29 Bericht von Erhard Teichfischer liegt beim Autor vor
30 Bericht von G. Litgau liegt beim Autor vor
31 Bericht von Dr. Franz-Dieter Mederake
32 Die Rhein-Elbe-Operation zu dem Teil, der die 83. US-Division betrifft
33 *Volksstimme* vom 10. April 1995
34 Bericht von Reiner Göbel in der *Volksstimme Elbe-Saale-Rundblick* vom 4. Februar 1999

35 Niederschrift von Dr. Vogel, Nienburg/Saale
36 Tagebuch von Schwester Lena Köcherer, Gnadauer Anstalten
37 Mündliche Information von Gerhard Böhmer an den Autor
38 Aus der amerikanischen Video-Dokumentation *Thank you, Eddie Hart*
39 Ebenda
40 Persönliche Mitteilung vom GI Paul Willis an den Autor
41 Niederschrift von Annemarie Lüttmann im Archiv des Autors
42 Persönliche Mitteilung von Helmut Hetmann an den Autor
43 Persönliche Mitteilung von Frau Henne an den Autor
44 *Krieg in der Heimat…bis zum bitteren Ende im Harz,* S. 327
45 Persönliche Mitteilung von Wolfgang Boden an den Autor
46 Interview mit Col. Edwin Crabill vom 329. US-Infanterie-Regiment vom 8. August 1945
47 Persönliche Mitteilung von Ben Savelkoul, Niederland, an den Autor
48 G-2 Journal der 83. US-Division
49 Brief von Willi Ahrends an Frau Winter
50 Persönliche Mitteilung von Frau Winter an den Autor
51 Anlage 1 zum *G-2 Periodic Report* Nr. 203 vom 14. April 1945
52 Persönliche Mitteilung von Horst Reinhold an den Autor
53 *Wie ich POW Nr. 3 2/4 570 wurde* von Dietrich Kienscherf, S. 36–41
54 Archiv Dr. Blatter
55 Angaben von Hüttenroder Ortschronisten
56 Schreiben des Bürgermeisters an den Landrat des Kreises Quedlinburg vom 10. November 1950
57 Aufzeichnung aus der Chronik der Gemeinde Altenbrak

Quellen- und Literaturverzeichnis

Zum Thema sind bisher folgende Schriften als Bücher, Zeitschriften, Zeitungsartikel und Internetbeiträge erschienen, die vom Autor neben vielen Tagebuchaufzeichnungen als Quellen verwendet wurden:

Archive:

Bundesarchiv (für Personalunterlagen) Aachen

Bundesarchiv-Militärarchiv, Freiberg i. Br.

Deutsche Dienststelle, Wehrmachts-Auskunftstelle, Berlin

Offiziersstellen-Besetzungspläne der 85. Infanterie-Division und der Division „Potsdam“ von Militärhistoriker Kurt Mehnert, Rinteln

Dokumentation über Schicksale und Erinnerungen von Gottfried Becker, Bad Lausick, einschließlich einer Sammlung über Schriftverkehr zur Division „Potsdam“

Unterlagen zur Division „Potsdam“ und der 83. US-Infanterie-Division von Peter Wittig, Dresden

Material der US Army, dem Autor zur Verfügung gestellt durch Mr. Louis Gomori, Historiker der 83. US-Infanterie-Division für die Zeit von April bis Mai 1945.

Literaturverzeichnis

Bornemann, Manfred 2002: *Die letzten Tage in der Festung Harz* und *Schicksalstage Harz,* Clausthal-Zellerfeld

Gellermann, Günther W. 1997: *Die Armee Wenck – Hitlers letzte Hoffnung,* Koblenz

Saft, Ulrich 1996: *Krieg in der Heimat ... bis zum bitteren Ende im Harz,* Walsrode

Kehlenbeck, Paul 1993: *Schicksal Elbe,* Frankfurt/Main

Kaczmarek, Horst 2005: *Speerspitze auf Dessau. Die Dessauer Chronik.* Sonderheft, Wien

Möller, Jürgen 2011: *Der Kampf um den Harz April 1945. Der Vorstoß des VII. US Corps durch das nördliche Eichsfeld, den West, Süd- und Ostharz und die Goldene Aue zur Saale und Elbe, die Besetzung von Nordhausen, die Befreiung des KZ Dora-Mittelbau und die Zerschlagung des Harzkessels. Kriegsende in Thüringen 1945,* Bad Langensalza

Zeitfuchs, Robby/Schirmer, Volker 2012: *Zeitzeugen. Der Harz im April 1945*

Nüchterlein, Peter: *Das Kriegstagebuch der 83 rd Infantry Division US Army,* Wernigerode

Ders.: *Die 1st US Infantry Division „The Big Red One“ April 1945 zwischen Weser und der Festung Harz,* Band 1, Wernigerode

Tieke, Wilhelm 1990: *Aufstellung, Einsatz und Untergang der SS-Panzerbrigade Westfalen*

Ders. 2000: *Das Ende zwischen Oder und Elbe. Der Kampf um Berlin 1945*
Kurowski, Franz 2000: *Endkampf um das Reich 1944–1945,* Utting am Ammersee
Ulrich, Heinz 2003: *Kriegschronik Barby/Elbe. Erinnerungen an das Kriegsende im Frühjahr 1945 und die Kämpfe im Brückenkopf Barby vom 12. bis 15. April 1945*, Oschersleben
Wittig, Peter 2009: *Elbe-Operationen. Die Kämpfe um die amerikanischen Brückenköpfe im April 1945,* Dresden
Schramm, Percy E. 1965: *Kriegstagebuch des Oberkommandos der Wehrmacht* Bd. IV/2, 1. Januar 1944–22. Mai 1945, Frankfurt am Main
Tim-Life-Bücher: *Der Zweite Weltkrieg – Entscheidungen im Westen*. Fränklin M. Davis jr.
Paul, Wolfgang 2005: *Der Endkampf. Deutschlands Untergang 1945,* Schnellroda
Tessin, Georg 1980: *Verbände und Truppen der deutschen Wehrmacht und Waffen-SS im Zweiten Weltkrieg 1939–1945*. 14. Band, Osnabrück
Alte Kameraden, Ausgaben März 1983, April 1983, und März 1985
Berichte der Hüttenroder Ortschronisten
Neuer Harzbote, Ausgabe Nr. 16 vom April 2005
Becker, Gottfried: *Stube 11. Auf Spurensuche. Eine Dokumentation über Kameraden, Schicksale und Erinnerungen*

Hinweis des Verlages:

Falls Sie dem Autor weitere wichtige Informationen und Hinweise zukommen lassen wollen, wenden Sie sich bitte an folgende Adresse:
Heinz Ulrich, Butterplan 25, 39240 Calbe/Saale

Heinz Ulrich – Die Infanterie-Division »Scharnhorst«

Ihr Einsatz im April/Mai 1945

ISBN 978-3-86289-016-3, 14,90 Euro

Heinz Ulrich hat viel Material gesammelt über eine Division, die bisher nur nebenbei in Veröffentlichungen zur 12. Armee Wenck vorkommt. Er behandelt alle drei Regimenter einschließlich des Pionier- und Füsilierbataillons gemeinsam mit der Sturmschützenbrigade 1170 in ihren Einsatzgebieten bei Schönebeck, im amerikanischen Brückenkopf östlich der Elbe vor Zerbst und im Raum Köthen, Dessau mit der Kehrtwende im Raum bis Beelitz und dem Rückzug zur Elbe in amerikanische Gefangenschaft.

Seine Ziele sind es:

- einen möglichst genauen Ablauf der Ereignisse zwischen Aufstellung und dem Ende der einzelnen Teile der Division zu geben und dies auch durch Aufzeichnungen von Angehörigen der Division zu untersetzen,
- darzustellen, unter welchen Schwierigkeiten die Angriffe vorgetragen werden mussten und wie unzulänglich die Mittel dazu waren.

Horst Schöll – Getreu bis zur Gefangenschaft

Deutsche Fallschirmjäger am Monte Cassino.
Eine autobiografische Erzählung, Band II

ISBN 978-3-935358-90-3, 20,40 Euro

NIE WIEDER KRIEG – denn der Krieg kennt keine Sieger, sondern nur Verlierer. Um zu dieser Schlussfolgerung zu kommen, musste ich als Vertreter der verratenen Generation den Kelch der Erkenntnisse bis zur bitteren Neige leeren. Führer befiel – wir folgen. In der Jugend systematisch zum Krieg erzogen, marschierte ich um den halben Erdball und kämpfte laut Führerbefehl zur angeblichen Verteidigung der Heimat um jeden Meter Boden der fremden Erde. Ich hielt so manchen sterbenden Kameraden in meinen zerschundenen Armen und stellte mir immer wieder voller innerer Empörung die Frage: WARUM? – Für Wen? Die Toten, Verwundeten sowie die vielen Kriegsversehrten haben mein Inneres erheblich verändert. Die Einstellung, diesem sinnlosen Gemetzel zu entfliehen, nahm immer mehr konkrete Formen an. Die Figur Kurt Rödel ist meinen besten Freunden und Kameraden gewidmet, die im faschistischen Eroberungskrieg ihr junges Leben hergeben mussten.

Franz Utracik – Das Leben war ein Würfelspiel

Vom Flieger zum Fallschirmpanzergrenadier – Chronik einer Jugend

ISBN 978-3-935358-18-7, 20,40 Euro

Ein junger Landser erzählt seine Erlebnisse und Eindrücke in den letzten Tagen des Zweiten Weltkrieges. Ruhig, sachlich, unpathetisch. In der Lehre als Flugzeugmechaniker wird er schon vorbereitet. Hier dokumentiert Franz Utracik zugleich Geschichten aus der Geschichte eines fast vergessenen Großbetriebes, der AGO-Flugzeugwerke in Oschersleben. Eingezogen zu den Fliegern, dann in Frankreich als Bordfunker eingesetzt und nach der faktischen Auflösung der Luftwaffe wegen Treibstoffmangels zu einem Fallschirmpanzerkorps in Ostpreußen versetzt, erlebt er mit diesem die letzten Wochen des Krieges im Osten. Er sieht die Sinnlosigkeit der Opfer, die flüchtenden Zivilisten, die sich zwischen den Fronten bewegen, ist dabei, als Tausende bei Balga die letzten Gelegenheiten nutzen wollen, um nicht in Gefangenschaft zu geraten. Und er wird noch eingesetzt, um in Sachsen und der Tschechoslowakei den Krieg für einen Führer selbst dann noch zu führen, als dieser sich schon selbst der Verantwortung entzogen hat. Franz Utracik kommentiert wenig. Er schildert nur das Geschehen, und das aus der Sicht eines Menschen, der nicht überblicken kann, was hier geschieht, sondern der nur von einem Einsatz zum anderen geschickt wird. Er will seine scheinbare Pflicht tun, aber er will auch am Leben bleiben. Und er ist jung. Damit enthält dieses Buch das, was wohl Millionen junger deutscher Männer so oder so ähnlich in diesen letzten Kriegstagen gedacht und erlebt haben.